U0906365

财务专家陈希圣的代表作

CAI WU BAO BIAO FEN XI GAO SHOU

◇ 观点新颖　◇ 分析到位

◇ 一读就懂　◇ 一学就会

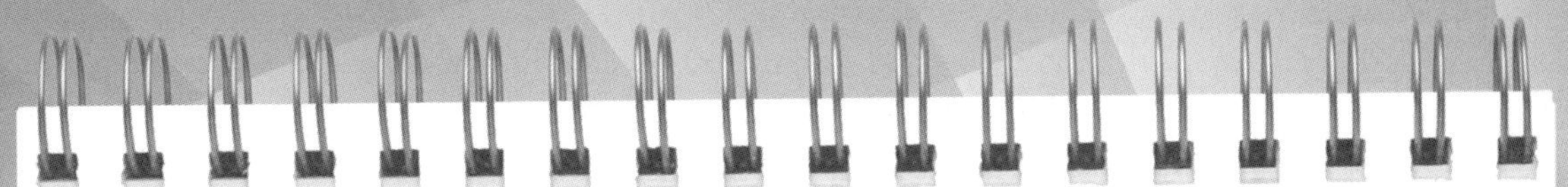

财务报表分析高手

陈希圣◎编著

SPM
南方出版传媒
广东经济出版社
——广州——

图书在版编目（CIP）数据

财务报表分析高手/ 陈希圣编著. —广州：广东经济出版社，2015. 11

ISBN 978 - 7 - 5454 - 4217 - 5

Ⅰ. ①财… Ⅱ. ①陈… Ⅲ. ①会计报表 - 会计分析 Ⅳ. ①F231. 5

中国版本图书馆 CIP 数据核字（2015）第 228424 号

出 版 人：姚丹林
责任编辑：郑秋瑛
责任技编：许伟斌

出版发行	广东经济出版社（广州市环市东路水荫路 11 号 11 ~ 12 楼）
经销	全国新华书店
印刷	中山市国彩印刷有限公司（中山市坦洲镇彩虹路 3 号）
开本	730 毫米 × 1020 毫米 1/16
印张	14. 5 1 插页
字数	252 000 字
版次	2015 年 11 月第 1 版
印次	2015 年 11 月第 1 次
印数	1 ~ 4 000 册
书号	ISBN 978 - 7 - 5454 - 4217 - 5
定价	35. 00 元

如发现印装质量问题，影响阅读，请与承印厂联系调换。
发行部地址：广州市环市东路水荫路 11 号 11 楼
电话：（020）38306055 37601950 邮政编码：510075
邮购地址：广州市环市东路水荫路 11 号 11 楼
电话：（020）37601950 营销网址：**http://www. gebook. com**
广东经济出版社新浪官方微博：**http://e. weibo. com/gebook**
广东经济出版社常年法律顾问：何剑桥律师

序　　言

工商银行原行长杨凯生在一个高层论坛上发表了关于深化金融改革的演讲，其中有这样一段话：总之认为银行赚钱很容易，银行获取暴利，我觉得这种看法并不合适。据统计，在我们国家规模以上工业的资产回报率大概是7%，我国银行业平均资产回报率不到1.3%，这个差别很大，像工商银行是最赚钱的银行，赚得最多，为什么？看它的绝对额，去年2360亿元利润是很大的一个数额，但是它的资产回报率ROA实际上也就是1.44%。

他说得对吗？银行资产的构成主要是贷款，跟工业企业不同。ROA（总资产净利润率）在不同行业是不可比的，可比的是ROE（净资产净利润率）。工商银行的ROE超过20%，很高了。

本书第六章第四节的“净资产净利率与营业净利率、总资产净利率的关系”中写到：“不能以营业净利率、总资产净利率来评论行业的好坏，而要以净资产净利率来看股东投资的报酬，净资产净利率才是评价企业盈利能力的最终标杆。”

读完本书，您就不会再犯不同行业比ROA之类的错误了。财务分析，不到一定水平容易犯错误，或者不得要领。本书的价值，是帮助你提高财务分析的技术水平。

朱子诗云：“半亩方塘一鉴开，天光云影共徘徊。问渠那得清如许？为有源头活水来。”是为序。

陈希圣

目　　录

第五章 营运能力分析

第六章 盈利能力分析

第七章 发展能力分析

第八章 现金流量分析

第九章 股市比率分析

第一章

财务报表概述

财务报表，是以企业的会计凭证、账簿和其他资料为依据，按照规定的格式、内容和填制要求定期编制并对外报送的书面报告文件。它是以货币为计量单位，总括地反映企业某一特定日期的财务状况和某一会计期间的经营成果、现金流量等信息的报告文件。财务报表是企业会计核算工作的结果，也是企业对内对外提供财务信息的主要手段，它将企业复杂的财务信息集中在几张表格上，对企业的经营进行了明确的记述。

财务报表体系由三张主要财务报表组成，即资产表、利润表和现金流量表，包括对财务报表列示项目所做的进一步说明等的报表附注。

第一节 财务报表概述

企业在生产经营过程中发生大量的经济业务，财务部门根据反映经济业务的原始凭证编制记账凭证，并分门别类地登入开设的账户中。然而各账户的信息是分散的，必须将分散在账簿中的信息进行归类、整理，定期地编制财务报表，以集中地提供企业的财务信息。

《企业会计准则第 30 号——财务报表列报》第二条阐明，财务报表是对企业财务状况、经营成果和现金流量的结构性表述。

财务报表将企业的财务信息传递给使用者，使之据此做出合理的决策。股市上定期公布的财务报表是国际通用的商业语言，使得各国投资者能够获得企业的财务信息，在促进全球资本合理流动和各国经济的发展方面发挥着重要作用。

一、财务报表的目标

《企业会计准则——基本准则》第四条阐明：财务会计报告的目标是向财务会计报告使用者提供与企业财务状况、经营成果和现金流量等有关的会计信息，反映企业管理层受托责任履行情况，有助于财务会计报告使用者做出经济决策。

财务会计报告不仅包括财务报表，而且包括传递直接或间接的与会计系统所提供的信息有关的各种信息。

二、财务报表反映的内容

企业通过一定数量的人员、货币、物资进行生产经营活动，这些经营活动在会计上以货币计量，表现为资金运动，而财务报表反映的内容就是资金运动的过程和结果。企业的资金运动包括：资金投入、资金周转、资金退出。

（一）资金投入

企业的资金投入主要有收到股东投资的实收资本、资本公积，发行股票筹集的股本，从银行取得的借款，发行债券筹集的资金等。

（二）资金周转

企业的资金周转具有行业特征，例如工业企业涉及的主要是采购、生产和销售。在采购过程中，货币资金转化为原材料；在生产过程中，原材料转化为产成品；在销售过程中，产成品转化为增值后的货币资金。

（三）资金退出

企业的营业收入扣除成本费用后产生利润，利润进行分配，留存企业的部分重新形成资金投入，缴纳的税费、派发的股息、偿付的借款等形成资金的退出。

三、财务报表的作用

企业的投资人、管理层、债权人及其他人等都需要很好地理解财务报表，通过财务报表，全面地了解和评价企业的财务状况、经营业绩和现金流量，明了企业的经营状况，更好地预测企业的经营前景。

1. 企业的管理层通过财务报表可以了解企业的财务情况，便于进行分析对比，总结经验教训，找出问题及提出改进措施，调整内部的资源配置，以改善经营管理，并且为制定发展战略提供依据。

2. 企业的投资人通过财务报表可以了解企业的财务情况，从而判断企业的盈利能力，有助于投资人评价企业管理者的受托经营责任和业绩，进行投资决策，从而促进社会资源流向效益好的企业，实现资源优化配置。

3. 企业的债权人，包括银行、供应商，通过财务报表可以了解企业的财务情况，从而判断企业的偿债能力，有助于债权人进行信贷决策或赊销决策。

4. 政府机关通过财务报表可以检查企业是否遵守国家规定的财务制度，检查企业经营情况以及各项税金的缴纳情况。

5. 企业财务报表提供的信息经过汇总整理后，可以为国家制定政策、进行宏观调控提供依据。

第二节　资产表的意义

资产表，也称资产负债表，英文字面（Balance sheet）直译为平衡表。它反映企业一定日期全部资产、负债和所有者权益的情况，企业在特定时点所拥有的各种资产的分布和结构，企业所承担的各种负债以及股东在企业中所拥有的权益。

资产表反映企业在某一特定日期的财务状况，属于静态财务报表。所谓静态报表，是指反映在特定时期终了时，经济指标处于相对静止状态的报表。

报表格式见第三章第一节“本书例题使用的财务报表”，下同。

一、资产表的结构

资产表是根据资金运动的规律，即“资金占用 = 资金来源”“资产 = 负债 + 所有者权益”的原理设计的。资产表分为左右两方，左方资产方反映企业拥有资产的分布状况；右方权益方反映企业债权人权益和所有者权益的状况。金额栏设有年初数和期末数两栏，以便于报表的使用者掌握和分析当年企业财务状况的变化及发展趋势。

资产表左方资产方显示了企业的资产结构，右方权益方显示了企业的资本结构，总资产和股东权益显示出企业的经济实力。资产表是全面反映企业资金管理行为及其结果的一张财务报表，企业的投资、融资、流动资金等均可在该表中得到体现。投资决策决定了报表左方的数据及其结构，而融资决策、股利政策决定了报表右方的数据及其结构。

二、资产表的内容

（一）资产

资产是指企业过去的交易或者事项形成的、由企业拥有或者控制的、预期会给企业带来经济利益的资源。企业的资产应按流动性分为流动资产和非流动资产。

1. 流动资产。

也称短期资产，是指可以在一个营业周期或一年内变现或耗用的资产，主要包括现金、银行存款、交易性金融资产、应收及预付款项、存货等。

2. 非流动资产。

也称长期资产，是指在一个营业周期或一年以上才改变其现存的资产形态，而转变为其他形态的资产。非流动资产具有较强的固定性，包括长期投资、固定资产、无形资产和其他资产等。

（二）负债

负债是指企业过去的交易或者事项形成的、预期会导致经济利益流出企业的现时义务。如果把资产理解为企业的权利，那么负债就可以理解为企业所承担的义务。企业的负债应按其流动性，分为流动负债和长期负债。

1. 流动负债。

也称短期负债，是指将在一个营业周期或一年内偿还的债务，包括短期借款、应付票据、应付账款、预收款项、应付职工薪酬、应付股利、应交税费、其他暂收应付款项和一年内到期的长期借款等。

2. 非流动负债。

也称长期负债，是指偿还期在一年或超过一年的一个营业周期以上的负债，包括长期借款、应付债券、长期应付款等。非流动负债具有期限长、债务金额大等特点。

判断流动资产、流动负债时所称的一个正常营业周期，通常是指企业从购买用于生产经营的资产起至实现现金或现金等价物的期间。正常营业周期通常短于一年，或在一年内有几个营业周期。但是，也存在正常营业周期长于一年的情况，如房地产开发企业开发用于出售的房地产开发产品，造船企业制造的用于对外出售的大型船只等，往往超过一年才变现、出售或耗用，但仍应划分为流动资产。正常营业周期不能确定时，应当以一年（12 个月）作为正常营业周期。

（三）所有者权益

所有者权益又称股东权益，是指企业资产扣除负债后由所有者享有的剩余权益，即净资产。所有者权益的来源包括所有者投入的资本、直接计入所有者权益的利得和损失、留存收益等。其中，投入资本包括实收资本和资本公积，留存收益包括盈余公积和未分配利润。在合并资产表中，应当在所有者权益类单独列示少数股东权益。

三、资产表的作用

（一）揭示企业的资产及其分布结构

通过流动资产，可以了解企业短期资产的流动性以及变现能力。通过非流动资产，可以看出企业长期资产的投资增减情况。通过资产表，可以分析企业的偿付能力。

（二）揭示企业的资产来源及其构成

根据资产、负债、所有者权益之间的关系，如果企业负债比重高，那么所有者权益比重就低，说明主要是靠举债撑大了资产规模，同时加大了还债的重要性和紧迫性。通常企业都有借款，但要稳健经营，负债比重不能过高，否则风险很高。

（三）有助于评价企业的盈利能力

通过“盈余公积”“未分配利润”项目，可以看出企业历年滚存的与当年度的盈亏状况，评价企业的盈利能力。

最后，通过期末数与期初数的对比，可以对企业财务状况进行动态的比较，进一步了解企业经营管理水平与发展前景。

通俗地说，资产表就是企业投资了多少资产，这些投资一部分钱是股东出的，要分红；另一部分钱是借来的，要还本付息；还有一部分钱是在经营过程中预先收到、尚未付款的，例如先收到供应商的材料，一时增加了流动资产。这些资产的经营能带来多少收入、利润，要看利润表。

第三节　利润表的意义

利润表又称损益表、收益表，英文字面（Income statement）直译为收入表，是反映企业在一定期间（如月度、年度）的经营业绩的报表，它反映了企业的各项收入和费用支出以及利润或亏损。

在会计准则上，利润和收益是两个不同的词汇，收益包括收入和利得，利润是收益减去费用、损失后的余额，净利润和净收益是同义词。

利润表属于动态财务报表，所谓动态报表，是指反映在特定时期内完成的经济指标的报表。利润表从动态的角度说明企业在报告期内的经营成果，通过利润表可以考核企业利润的形成情况和企业在一定期间的经营成果，了解企业的盈利能力和盈利趋势，分析利润增减变动的原因，评价企业的经营成果。

一、利润表的结构

我国利润表的格式采用多步式结构，通过对当期的收入、费用支出项目按性质加以归类，按利润形成的主要环节列示一些中间性利润指标，分步计算当期净损益。

西方的报表格式在净利润（Net profit）之前列示了息税前利润、税前利润，息税前利润（EBIT，Earnings Before Interest And Tax）、息税后利润（EAT，Earnings After Tax，即税后净利润）与普通股每股净收益（EPS，Earnings Per Share）都是其财务分析常用的指标。

二、利润表的内容

（一）收入

收入是企业在销售商品、提供劳务及让渡资产使用权等日常活动中所形成的经济利益的总流入，包括主营业务收入和其他业务收入。其中让渡资产使用权，是指金融企业贷款、让渡无形资产的使用权，还有出租周转材料等。

主营业务收入一般占企业营业收入的比重较大，对企业的经营收益产生较大的影响；其他业务收入一般占企业营业收入的比重较小，主要包括技术转让收入、材料销售收入、周转材料出租收入等。

（二）费用

费用是企业在生产经营过程中发生的各项耗费，工业企业主要包括生产成本和期间费用。生产成本包括直接材料、直接人工和制造费用，期间费用包括管理费用、财务费用和销售费用。此外，还包括其他费用，如其他业务成本等。

非财会专业的读者可能对利润表上的营业成本一栏理解不到位，这里说明一下。营业成本是指企业销售商品、提供劳务的成本，是与营业收入直接相关的，已经确定了归属期和归属对象的各种费用，分为主营业务成本和其他业务成本。

这么来理解，会计上完工产品的生产成本结转入“产成品”科目，销售时又转入“主营业务成本”科目，主营业务成本就是已转入销售账目的产品的生产成本，与其他业务成本相加，一并反映在利润表的营业成本一栏。未转入销售账目的产成品，和原材料、在产品等一道，在资产表的存货一栏中反映，跟利润表的营业成本一栏没有关系。

（三）税金

利润表上的“营业税金及附加”栏目反映企业经营活动发生的营业税、消费税、城市维护建设税、资源税和教育费附加等相关税费，但不包括增值税。房产税、车船税、土地使用税、印花税在“管理费用”科目核算。

非财会专业的读者看到利润表上的营业税金及附加和所得税费用时，可能误以为这就是企业当年交纳的全部税收，实际上要看应交税费明细表，如果是上市公司，披露的年报的附注中有主要税种及税率、应交税费和所得税费用的明细。

利润表不含增值税，营业收入、营业成本等栏目及得出的利润数额均不含增值税。增值税是价外税，企业履行了为国家代收代支的义务，与企业的经营成果无关。

这个怎么理解？例如某贸易公司进一件货共计 1170 元，其中进价为 1000 元，可抵扣增值税为 170 元；这件货销售价为 2340 元，其中，售价为 2000 元，应交增值税为 340 元；实际交纳增值税 340 - 170 = 170（元）。公司说，这交的 170 元是我的税负呀；税务局说，这钱不是你的，是我的，只是叫你代收代缴。当然，税务局说了算。利润表反映的是售价 2000 元，计入营业收入；进价 1000 元，计入营业成本；毛利润 = 2000 - 1000 = 1000（元）。增值税与利润表无关。

当然，增值税不是好税种，它使得政府更关注投资、招商引资、拉升 GDP。应代替之以向消费环节征税，使得政府更关注消费、居民收入与民生各方面的改善。

（四）利润

利润是指企业在一定会计期间的经营成果。利润包括收入减去费用后的净额、直接计入当期利润的利得和损失等，内容包括营业利润、利润总额、净利润和普通股每股净利润。

三、利润表的作用

利润表反映的财务信息，可以用来评价企业的经济效益和投资的回报。

（一）利润表可作为经营成果的分配依据

利润表是反映企业在一定期间的利润指标，直接影响各个方面的利益，例如政府的税收、企业职工的收入、股东的股利等。

（二）利润表可用来考核企业经营管理的绩效

企业在经营管理的各个方面的效益都可以从利润表中综合地表现出来。通过收支对比的结果，反映出企业管理层的业绩。

（三）利润表可用来分析企业的盈利能力、偿付能力、发展能力

利润表揭示了企业的盈利水平，可据以评价企业的盈利能力。盈利能力强的企业，债权人不担心其偿付能力，同时，企业的发展能力也强而有力。

四、伪饰利润的方法

不准备上市的公司伪饰利润是为了偷逃企业所得税，做高费用、做低利润。税法规定，企业的广告费和业务宣传费支出，不超过当年营业收入 15% 的部分，准予扣除；超过部分，准予在以后纳税年度结转扣除。其中，医药制造和饮料（不含酒类）制造企业的这一比例数值是 30%。多数企业没多少广告宣传费，有的公司虚增、购买广告公司的发票及合同金额，把利润做低了，而且取得的增值税专用发票可抵扣。

上市公司或准备上市的公司伪饰利润，一些大额的费用由母公司、大股东去签订合同、充当发票客户，即上市公司将费用转移给母公司，做高了利润。特别是对于一股独大的公司，这些是审计师要注意的事项。上市公司还有一些常用的伪饰方法：

（一）利用公允价值伪饰利润

资产的公允价值难以合理评估，例如有的公司将债务重组收益计入当期损益，有的公司将非货币性资产交易的收益计入当期损益。

（二）利用各项减值伪饰利润

例如有的公司利用资产减值的转回，使得资产价值恢复，利润升高。

（三）利用费用资本化伪饰利润

例如有的公司将用于非资本性支出的借款利息资本化。

（四）利用会计政策与会计估计变更伪饰利润

主要包括利用固定资产折旧、存货计价、坏账损失、无形资产摊销的方法变更，有的公司利用这些变更来调整利润。

（五）利用企业合并伪饰利润

有的公司利用企业合并、资产处置、公允价值计量、资产减值转回等伪饰利润。

（六）利用关联交易伪饰利润

有的公司利用关联交易来增加利润，要注意关联交易的营业额是多少，占总的购、销比重是多少。

阅读上市公司的财务报告，一是看公司的利润是否主要来自主营业务，二是看附注，注意公司有没有以上这些可疑的利润来源。同样，要注意非经常性损益，例如投资收益、政府补贴、营业外收入，看公司是否在利用资产重组、股权转让等方法伪饰利润。

阅读财务报表，要注意利润是否主要来自主营业务，还要注意营业收入的真实性。有的公司的购买、销售有一部分是由其暗中控制的潜伏关联交易，审计师很难查。披露的、明示的关联交易总额占购、销总额比重大的公司，可认为其这方面财务质量较差，因为阅读财务报表不乐见大量关联交易。

通俗地说，利润表就是指企业做多大生意，赚不赚钱，赚多少钱。至于企业的现金，则要看现金流量表。

第四节 现金流量表的意义

现金流量表是反映企业在一定会计期间现金和现金等价物流入和流出的报表。它反映企业在一定会计期间内的经营活动、投资活动和筹资活动等对现金及现金等价物产生的动态影响。

现金流量表属于动态与静态相结合的财务报表。所谓动静结合的报表，是指既反映在特定时期内完成的经济指标，又反映在特定时期终了时的经济指标的报表。

一、现金流量的概念

（一）现金

现金是指企业库存现金以及可以随时用于支付的存款。不能随时用于支付的存款不属于现金。

企业日常所说的现金指的是库存现金，而现金流量表中的“现金”不仅包括“现金”账户核算的库存现金，还包括企业“银行存款”账户核算的存入金融企业、随时可以用于支付的存款，也包括“其他货币资金”账户核算的外埠存款、银行汇票存款、银行本票存款、信用证保证金存款和在途货币资金等其他货币资金。

应注意的是，银行存款和其他货币资金中有些不能随时用于支付的存款，如不能随时支取的定期存款等，不应作为现金，而应列作投资；提前通知金融企业便可支取的定期存款，则应包括在现金范围内。

（二）现金等价物

现金等价物是指企业持有的期限短、流动性强、易于转换为已知金额现金、价值变动风险很小的投资。现金等价物虽然不是现金，但其支付能力与现金的差别不大，可视为现金。例如企业为保证支付能力，手持必要的现金，为了不使现金闲置，可以购买短期债券，在需要现金时，随时可以变现。

一项投资被确认为现金等价物必须同时具备四个条件：期限短、流动性强、易于转换为已知金额现金、价值变动风险很小。其中，期限较短，一般是指从购买日起，3 个月内到期。例如可在证券市场上流通的 3 个月内到期的短期债券投资等。

（三）现金流量

现金流量是指某一段时期内企业现金流入和流出的数量。例如企业销售商品、提供劳务、出售固定资产、向银行借款等取得现金，形成企业的现金流入；购买原材料、接受劳务、购建固定资产、对外投资、偿还债务等而支付现金，形成企业的现金流出。现金流量信息能够表明企业经营状况是否良好，资金是否紧缺，企业偿付能力大小，从而为投资者、债权人、企业管理者提供非常有用的信息。

应该注意的是，企业现金形式的转换不会产生现金的流入和流出，如企业从银行提取现金，是企业现金存放形式的转换，并未流出企业，不构成现金流量；同样，现金与现金等价物之间的转换也不属于现金流量，如企业用现金购买将于3个月内到期的短期债券。

二、现金流量表的目的

编制现金流量表的目的是为财务报表使用者提供企业一定会计期间内现金和现金等价物流入和流出的信息，以便于报表使用者了解和评价企业获取现金和现金等价物的能力，并据以预测企业未来的现金流量。

三、现金流量表的内容

（一）经营活动现金流量

经营活动现金流量是最重要的现金流量，它是决定企业价值的根本因素。企业价值与股东财富源于经营活动所创造的现金流量，它反映了企业价值创造的过程和结果。

现金流量表分为主表和附表，主表以直接法列报，即通过现金收入和支出的主要类别列示经营活动的现金流量。上市公司公布的年度报告里还有现金流量表的附表，放在报表附注的后面部分。附表（或附注、补充资料）主要反映以间接法列报经营活动产生的现金净流量，间接法是以本期净利润为起算点，调整一系列不涉及现金收支的项目，剔除投资、筹资活动的影响。对于附表，非财会人员看不懂，财会人员中也有很多人不知所言，但它不重要，财务分析看主表即可。

（二）投资活动现金流量

投资活动是指企业长期资产的购建和不包括在现金等价物范围内的投资及其处置活动。这里所指的长期资产是指固定资产、在建工程、无形资产、其他长期资产等持有期限在一年或一个营业周期以上的资产。这里之所以将“包括在现金等价物范围内的投资”排除在外，是因为已经将其视同现金。

（三）筹资活动现金流量

筹资活动是指导致企业资本及债务规模和构成发生变化的活动。

四、现金流量表的作用

企业的现金流量直接影响企业的生存和发展，现金充裕，支付无虞，否则左支右绌。现金流量是财务管理的一项重要内容，备受关注。现金流量表的作用，主要有以下三个方面：

（一）了解企业的偿付能力

通常，人们首先关注企业的盈利情况，企业的盈利多少在一定程度上表明了企业的偿付能力，但是，又不一定代表企业真正具有偿付能力。有些企业虽然净利润数字很可观，但缺乏现金，不能偿还到期债务；还有些企业虽然净利润数字很可怜，但却具有足够的偿付能力。出现这种情况，会计核算采用的权责发生制原则产生的应收款项之未收、已收，是主要原因。

现金流量表采用收付实现制（亦称现金收付制），完全不同于权责发生制。通过现金流量表，看企业各项现金流入、流出的构成，可以了解企业获取现金的能力，便于报表使用者从现金收付的角度来分析企业的偿付能力。

（二）预测企业未来现金流量

评价过去在一定程度上可以预测未来，通过现金流量表所反映的企业在过去一定期间的现金流量指标，可以了解企业现金的来源和用途，从而管理层可以大致预测企业未来的现金流量，有助于企业组织资金调度、合理使用资金；同时也为其他报表使用者大致预测企业未来的现金流量，做出相关决策提供依据。

（三）分析企业收益质量

利润表列示的净利润，是反映企业经营成果的最重要的指标。但是，利润表是按照权责发生制原则编制的，部分营业收入的款项尚未收到，就已经创造了利润先反映在表上了。通过现金流量表，可以掌握企业经营活动产生了多少现金。将净利润与经营活动产生的现金净流量相比较，可以从现金流量的角度分析净利润的质量，从而了解到更多的财务信息。

五、现金流量表的不足

现金流量表较为复杂，使得大部分人很难充分地理解、利用，对其作用和不足也缺乏较为全面的认识。

1. 现金流量表的编制基础是现金收付制，即只记录当期现金收支情况，而不理会这些现金流动是否归属于当期损益。因此，企业的当期业绩与经营活动现金净流量没有必然的联系，更别说投资、筹资活动所引起的突发性现金变动了。另外，在权责发生制下，利润表可以正常反映当期赊销、赊购事项的影响，而现金流量表则不然，不稳定的商业回款及偿债事项使得经营活动现金净流量比净利润数据可能出现更大的波动性。

2. 经营活动现金净流量是可以操纵的，例如，有的上市公司采用临时协议还款方式，在年末收取现金，年初又将现金拨还债务人。这样，企业年末现金余额剧增，而应收款项又大幅冲减，从而使资产表和现金流量表都好看。在这种情况下，利润表受到的影响很小（如有坏账准备需调整），仍然正常地反映当期经营成果。

因此，分析现金流量表不是孤立的，应与资产表和利润表对照，例如常常将经营活动现金净流量和净利润进行比较。

通俗地说，现金流量表就是企业现金的流入和流出，结余的现金可能是赚来的，也可能是借来的或股东投入的。经营活动现金流量是企业日常经营的商品买卖或提供服务的现金流入和流出，假设期末前多进些货、付了款，表上的经营活动现金净流量就减少了。企业赚多少钱要看利润表，现金流量表只反映现金的出入，企业做的是赚钱的买卖并收到款，现金自然会多起来。本书在第八章专门讲述现金流量表的分析。

本章小结

1. 财务报表是对企业财务状况、经营成果和现金流量的结构性表述。

2. 资产表反映企业一定日期全部资产、负债和所有者权益的情况。

3. 利润表反映企业在一定期间（如月度、年度）的经营业绩。

4. 现金流量表反映企业在一定会计期间现金和现金等价物流入和流出的情况。

复习题

1. 简述财务报表反映的内容。
2. 资产表是根据什么原理设计的?
3. 复述伪饰利润的常见方法。
4. 复述现金流量表的现金概念。

第二章

财务报表分析概述

财务报表分析是以财务报表为主要依据，采用合理的评价标准和适用的分析方法，遵循规范的分析程序，通过对企业的财务状况、经营成果和现金流量等的重要指标进行比较、分析，从而对企业的经营情况及其绩效做出判断、评价和预测。

财务报表分析先看盈利，会赚钱的公司才有投资价值。例如有的网络公司即使亏损也得到投资人追捧，好像人们追捧它的业务模式、用户增长、用户体验等，忽视了它的盈利能力。但实际上，人们看中的是它未来的盈利能力。市场经济，归根到底是要盈利。

投资人看一家公司时，往往先进行盈利能力分析，如果盈利能力差，就分析其原因及未来盈利的潜力、可能性。通常，相比之下，多数盈利良好的企业继续盈利的概率较大，而多数亏损企业变成盈利良好企业的概率较小，如股市上的蓝筹股长期给人稳定、良好的盈利预期。公司管理层做财务分析时，也是重点进行盈利能力分析，这是财务分析的中心环节。

第一节 财务分析概述

企业经营的目标是实现企业价值的最大化，一个企业当前的价值决定于未来预期盈利的流入以及预期盈利的风险性。而要了解企业的价值是否保值、增值，财务分析是必不可少的。

财务分析是采用专门的方法，对财务报表及相关资料进行系统分析，揭示有关指标之间的关系及变化趋势，以评价企业过去的营运成绩，衡量现在的财务状况，预测未来的发展趋势，发现问题，提出改进措施或优选方案，为企业管理层，也为与企业有经济利益关系的各方财务信息使用者做出正确决策提供可靠的、有效的数据依据。

本书讲述的财务分析的主要内容为财务报表分析，对之加以归纳、演绎。

一、财务分析的历史沿革

财务分析是伴随着资本主义经济的发展而兴起的，大约在20世纪初，美国的银行家们首先开始审查企业的财务报表，这种信用分析对金融机构选择贷款方向、确保贷款的可靠性起了重要作用。随着市场经济的发展，社会筹资规模不断扩大，投资者希望能将资金投放在利润率较高的产业，迫切需要了解企业的经营状况。因此，银行开始对企业进行盈利状况、筹资成本、投资收益和利润分配等情况的分析，财务分析由初步的偿付能力分析发展到盈利能力分析。

随着资本主义在全球市场的迅速扩大，企业需要强化内部管理以提高劳动生产率，开始对自身财务状况进行分析，以了解企业的经营状况及其变化。在一个相当长的时期内，财务分析只是事后分析，主要运用会计核算提供的资料，分析成本升降的原因，寻求降低成本、增加盈利的途径。现代管理科学的兴起，丰富了会计的内容、职能和技术方法，会计工作的重点开始由经营过程的事后反映，逐渐过渡到经营过程的控制和事前的预测、决策。财务分析也在事后分析的基础上，提供了企业未来盈利能力和现金流量的预测等。

一直以来，财务分析都从属于其他有关的管理活动，并没有作为一项独立工作出现，如金融管理活动、企业管理活动、财务管理活动。初期的财务分析局限于财务报表分析，直到财务分析从外部分析扩展到内部分析，分析的依据除了对外报送或公布的财务报表外，还经常利用企业的内部预算或计划、成本报表资料及其他管理资料。如今，财务分析已经发展成为一门相对独立的学科。

二、企业的经营环境

进行财务分析必须先了解企业的经营环境，企业的经营环境是指独立存在于企业外部的政治、经济、法律和社会等因素所构成的领域。经济的构成因素主要来自以下几个方面：税收政策、商业周期、通货膨胀、证券价格及收益、市场竞争和技术变革。这些构成因素对企业财务效应产生着直接和间接的影响。

企业财务表现好坏，既是内部管理问题，也是外部环境问题。内部管理水平高有助于财务表现好，外部环境属于客观原因，企业对此无力加以控制或改变，通常包括：

1. 国际经济环境的变化及其对国内经济和市场的影响。
2. 国家宏观政策的调整，有关法律法规的颁布实施。
3. 财政供养人员的多少和税负（税收、政府收费）的轻重。
4. 市场机制不健全，存在行业垄断高价和不正当竞争。
5. 市场需求和价格发生较大变化。
6. 商品自身的市场周期性。

三、财务分析的目的

不同的财务信息使用者，对财务分析的要求和侧重点不同，因此，财务分析对不同的服务对象有着不同的目的。

（一）企业管理层

管理层承担着资产经营责任，即资产保值和增值，并向股东提供投资分红，向债权人偿还债务。因此，他们要了解企业的财务状况是否达到了盈利目标，并分析盈利的变动及主、客观原因，例如销售、成本的变化，支付能力等。分析资产运用的效益，其目的一方面是总结工作业绩，另一方面是找出生产经营中的薄弱环节，挖掘潜力，寻找增加盈利的途径，并预测企业的经营前景，确定未来的盈利目标。

（二）企业股东

对于股东，通过财务分析可以帮助其进行投资决策。股东投资于企业的目的是为了获得高于其他投资项目的回报，获得更多的现金流入。股东通过财务分析，考察企业的经营状况、盈利能力及发展趋势，以及预测投资风险和报酬，做出投资、继续投资或转移投资的决策。对于上市公司，还要了解每年股利发放情况和股票市价的变化，以便决定是买进、保持或卖出股票。另外，通过财务分析，可以了解管理层受托责任的完成情况，评价管理层的经营业绩。

（三）企业授信者

债权人最关心的是企业还本付息的能力。授信者通过分析企业的偿付能力、盈利能力，做出扩大或缩小信贷规模的决策。授信者包括向企业提供贷款的金融机构和向企业提供商品和劳务的供应商，以及购买企业债券的单位和个人等，他们愿意给企业提供资金或赊销商品，是为了未来的现金回报或扩大销售、增加盈利。他们进行财务分析主要是衡量企业是否能及时、足额地清偿债务。

（四）企业职工和工会

企业职工和工会进行财务分析的意义在于了解工作岗位以及环境的稳定性、安全性和获取报酬的前景，判断职业的保障程度和集体福利的发展趋势。

（五）政府部门

对于政府部门，要了解企业的发展情况，监督企业遵纪守法。

1. 税务部门要确定税源，监督企业依法、及时、足额地缴纳税金。

2. 国有资产管理部门要掌握国有企业国有资产保值增值情况。

3. 政府利用财务资料，检查、监督各项经济政策、法规、制度在企业的执行情况。

4. 政府将企业的财务资料逐级汇总，进行宏观的经济分析，为制定经济政策和发展战略提供依据。

（六）社会中介机构

社会中介机构指的是会计师事务所、律师事务所、资产评估事务所和咨询顾问公司等，这些机构进行企业财务分析是为其特定的主顾服务。

四、财务分析的种类

（一）内部分析与外部分析

内部分析是企业管理层为制定政策、做出决策、实施管理等方面的需要而对财务活动进行的分析，目的是了解企业的财务状况是否良好，存在哪些问题。

外部分析是企业外部利益相关者进行的财务分析，它可以是局部的财务分析，也可以是全面的财务分析。

（二）全面分析与专题分析

全面分析是依据企业经营、财务活动提供的丰富的信息，做出全面、系统、客观的评价，并进行合理的预测。全面分析着重抓住财务工作中带有普遍性和关键性的问题，具有内容丰富、涉及面广、对企业的重大经营和财务决策有深远影响的特点。

专题分析是指针对某项专题进行深入细致的调查分析，它一般是对某些关键问题、重大经济措施、重大业务事项和工作中的薄弱环节单独进行的专题分析，具有内容专一、一事一议、随时运用的特点。

五、财务分析的方法

财务分析的主要方法有：比较分析法、比率分析法、趋势分析法和因素分析法等。

（一）比较分析法

比较分析法是将可比指标（绝对值、相对值指标）进行对比，通常是将本期实际指标与计划指标（预算指标）、前期指标（上期指标、上年同期指标、固定基期指标）或其他企业的同类数据（同行业平均水平、先进水平）进行比较，计算差异，为进一步评价企业财务情况提供数据。

在运用比较分析法时，必须十分强调指标之间的可比性，使对比指标之间在时间、范围、内容、项目、计算方法等方面一致。如果存在不可比的情况，应当进行调整计算，剔除不可比因素后，再进行对比。

（二）比率分析法

比率分析法是通过计算各个指标之间的相对数，将计算所得的数值进行比较。它是比较分析法的一种，是相对数的比较，因财务比率的计算有各种不同的形式，构成了各个财务比率指标体系，所以单独列为一种方法。

1．结构比率分析法。

它是通过计算某项指标总体内部的各个组成部分的数值与总体数值的比率，分析其构成内容的变化，从而掌握该项经济活动的特点和变化趋势，说明指标的内部构成情况及其变化。它主要采用报表式结构和图表式结构。

2．相互比率分析法。

它是运用经济活动过程中两个相互联系的相关指标之间的比率进行分析，用以说明企业的财务情况。例如，流动比率、净资产净利率等。

3．动态比率分析法。

它是对某项指标在不同时期的数值在时间上的发展变动进行对比，计算出动态比率，用以反映该项指标的发展趋势和速度。由于对比的标准不同，又可分为定基速度、环比速度和平均速度。

利用比率分析法可以把某些不同条件下本来不可比的指标变为可比指标，使比较的范围扩大，比较的结果更容易判断，便于说明问题。在进行财务分析时，可以采用的财务比率很多，根据分析的目的不同在选择比率时要有重点，主要参照一些基本的指标。

比率分析法和比较分析法的相同之处在于，都是采用数据对比的方式来反映差异与变化。不同之处在于，比较分析法通常是绝对数的比较，是将相同性质的数据进行比较，计算出差异的大小，以反映相同性质的指标的变动情况；而比率分析法中大部分比率是将不同性质但互相关联的数据进行对比，计算出相对数，运用更为灵活、广泛。

（三）趋势分析法

趋势分析法是使用动态数据对企业某些同类经济现象各个时期的变化情况加以对比分析，以掌握其发展规律和变化趋势。使用这一方法应掌握以下概念：

1. 动态数列。

它是反映某种经济现象发展变化的一系列指标数值。

2. 时期数列。

它是反映某种经济现象在一定时期内的发展过程、结果及总量的系列指标数值。

3. 时点数列。

它是反映某种经济现象在特定时点上所处状态的系列数值。

4. 增长量。

它是反映某种经济现象在一定时期内增加（或减少）的绝对数，分为逐期增长量和累计增长量。

5. 发展速度。

它分为定基发展速度和环比发展速度，定基发展速度是报告期水平与某一固定期水平之比，环比发展速度是各期水平与前一期水平之比。

（四）因素分析法

因素分析法是根据分析指标与其影响因素之间的关系，从数值上确定各因素对分析指标差异影响程度的一种方法。如哪些是主要因素，哪些是次要因素，哪些是有利因素，哪些是不利因素。

1. 因素连环替代法。

它是将分析指标按分析目的的不同，分解为几个因素，按顺序依次将因素的标准值连环用分析值替代，分别测定各个因素变动对分析指标的影响程度。

差额计算法是连环替代法的简化形式，它是先计算出各因素的分析值与标准值之间的差额，然后仍按照一定的替代程序直接计算各因素变动对分析指标的影响程度。

2. 因素定基替代法。

它是将分析指标按分析目的的不同，分解为几个因素，在计算每个因素变动的影响时，都与标准值计算的结果相对比，确定各因素变动对分析指标的影响程度。

第二节 财务报表分析的意义

企业定期编制的各种财务报表，主要是为企业投资人、管理层、债权人等进行决策提供财务信息。然而财务报表只能初始反映企业的财务状况、经营成果和现金流量，为了充分地发挥财务报表的作用，还必须将报表上相关的财务指标有机地联系起来，通过计算、比较和综合分析，全面正确地评价企业财务状况的优劣、经营管理水平的高低，以及企业发展前景的好坏，以便做出正确的决策。

财务分析以财务报表分析为主要内容，狭义的财务分析指的就是财务报表分析。财务报表的价值不仅在于提供企业财务状况、经营业绩和现金流量的信息，还在于通过财务分析，能够估计未来收益与风险的大小，帮助管理层发现存在的问题，合理地规划未来，采取有效措施改善经营管理，同时帮助投资者进行投资决策。

本书根据三张主要财务报表，阐述了可在投资、企管、财务及信贷活动中广泛运用的各种财务报表分析技术，以便对企业财务质量进行透视，为合理的决策提供有效的依据。

一、财务报表分析的历史沿革

财务报表分析产生于20世纪初，之前，企业规模较小，银行根据个人信用进行贷款。1900年前后，美国银行对申请贷款的企业要求提供资产表。财务报表分析是从银行对企业的信用调查工作开始的，发放贷款的银行把财务报表分析作为调查申请贷款企业的偿付能力的一种技术手段。

最初使用的财务比率只有流动比率一个，到了1920年，所用的财务比率大为增加。20世纪30年代，经济生活中存在一种“黑字倒闭”现象，即盈利企业缺乏偿付能力而倒闭，让银行家和企业界开始同时关注企业的偿付能力和盈利能力。

之后，财务报表分析扩展到为投资人改善内部管理服务，开始了多方位的发展，日益自成体系，技术上日臻成熟。

二、财务报表分析的内容

进行财务报表分析，不同的人员所关心问题的侧重点不同，因此，进行分析的内容也各不相同。综合起来，主要有以下几个方面：

（一）评价企业的偿付能力

通过财务报表，可以了解企业资产的流动性、负债水平以及偿还债务的能力，对企业的偿付能力进行评价。

（二）评价企业的营运能力

企业的经营管理过程就是利用资产取得收益的过程，资产是经营活动的经济资源，资产的管理水平直接影响到收益。进行财务报表分析，可以了解资产的保值和增值情况，分析资产的管理水平、资产周转情况等，为评价企业的经营管理水平提供依据。

（三）评价企业的盈利能力

获取利润是企业的主要经营目标之一，企业要生存和发展，必须获取一定的利润，才能在竞争中立于不败之地。投资者和债权人都十分关心企业的盈利能力，盈利能力强可以提高偿还债务的能力，提高企业的信誉。对企业盈利能力的分析不仅要看其获取利润的绝对数，还应分析其相对指标。

（四）评价企业的发展能力

通过财务报表分析，可以判断出企业的发展趋势，预测其经营前景，从而为管理层和投资人进行经营决策和投资决策提供重要的依据，避免决策失误带来重大的经济损失。

（五）评价企业的现金流量

现金流量是企业的血脉，企业的现金流量主要从何而来，用到哪去，与企业经营和发展的调配关系，以及与利润的对应关系等，都需要通过对现金流量表的分析来加以评价。

三、财务报表分析的局限性

进行财务报表分析，可以得到不能从财务报表上直接得到的信息。但是，使用财务报表进行财务分析具有局限性。

（一）会计假设

1. 持续经营与会计分期。

这两项假设，产生了划分资本性支出和收益性支出的问题，以及收付实现制和应收应付制的问题。企业采用不同的方法，会对财务报表分析产生不同的影响。有些收入、费用的发生可能会跨越两个或多个会计期间，入账时要进行预先估计，使得财务报表信息含有不确定性成分，如长期合同的完工程度和相应成本的预估等。

2. 货币计量。

币值稳定是这一假设的主要内涵，在此基础上，企业多年前购入的资产可以加总于多年后购入的资产总额。而现实中通货膨胀普遍存在，致使货币性资产实际购买力降低；而实物资产以历史成本原则记账，常有越是长时期存放的资产，其现时价值越是高出原账面价值的现象。在通货膨胀条件下由于资产低估导致成本偏低，会使收益虚增。即使币值不变，货币时间价值也会影响财务报表的真实性。所以，由于通货膨胀及货币的时间价值等因素的存在，致使作为会计原则的以历史成本记账与现实市价产生了背离。例如在出售或购买某项资产时，其现实的市场价值是重要的数据，但财务报表并不提供这样的数据，只提供账面原值、已提折旧或已摊销额、净值等数据，而人们会使用现实的市场价值而不是账面价值。

（二）主观估计

处理会计实务，虽然必须遵循一定的会计原则，但其中众多的处理方法却是必须由财务人员主观估计选择的。例如对材料的计价方法、固定资产折旧方法的选择，固定资产耐用年限在规定范围内的估计，对长期待摊费用的摊销事项的处理等，都包含有主观估计成分在内。在对财务报表进行处理的过程中，也会由于财务人员的学识、经验、职业道德的不同，而对同一事项采用不同的处理方法，得出不同的结论。所以，主观估计的伸缩性使财务报表的内容产生了差异。

（三）信息时效性

财务报表是在会计事项发生后，经过一定程序，记录、汇总、分摊、计算，然后才编制出来的。如果企业规模庞大、机构众多、业务复杂、交易频繁，则要把每一结算期内所有的会计事项完全结算清楚，并编制成能反映企业财务状况及业绩的各种报表，这需要经过相当时日。例如上市公司去年的年报要到今年的3月或4月份才发布出来。

（四）非货币因素

财务报表上所反映的项目，都是可以用货币金额来衡量并记载的，但影响企业财务状况和经营成果的因素，很多是无法用金额表示的。例如，新近投资的项目、正在进行或刚完成的研发项目、处于试生产阶段的新产品，在当前的财务报表中只记载已发生的投资、费用，至于其他的信息，例如这些项目和产品的市场需求、技术含量等，在当前的财务报表上没有反映也无法据此预测。

（五）偶然或伪饰

财务报表例如年报，是根据年度决算日的会计记录编制的，然而年度决算前临时发生的偶然会计事项，可能会对财务报表的内容产生重大影响。有时财务人员为了企业的利益，故意伪饰财务报表，致使报表数字不真实，财务分析不能真实反映企业的财务情况。例如上市公司的关联交易，如果公司的购买和销售有很大一部分是关联企业，就会涉嫌关联企业向上市公司输送利益以助于上市公司有一张好看的报表。还要看关联交易的定价政策，分析公司是否以明显偏离市价的方式进行关联交易。

许多造假的财务报表、审计报告的案件，重创了股市报表和审计报告的公信力。财务数据有其内在的勾稽关系，拙劣的假账容易露出马脚，但手法较高的、相关方面串通好的“真的假账”，审计师则难以查处。

报表造假不是一个纯粹的会计问题，需要通过各方面的制度建设来打击这一弊端。著名经济学家郎咸平说，要借鉴美国实行的严刑峻法，严惩造假者。要建设一个良好的股票市场，确保财务报表的真实性非常重要。

第三节 财务比率分析的意义

本章第一节“财务分析概述”中已经介绍过比率分析法，本书主要使用财务比率进行分析，本节对财务比率分析进一步加以说明。

本书对重要的比率在其公式左边加粗体，要求掌握，其他的比率阅读了解即可。比率的计算只是简单的数学题，而本书的作用在于帮助读者对各项比率的内涵有深刻、彻底的理解。财经网站会罗列出上市公司一长串的财务比率，读完本书，读者就能够抓住重点，忽略冗余没用的比率。

一、财务比率分析

财务比率分析是通过财务比率来反映财务指标之间相互关系的方法。通过财务比率分析，人们可以把注意力从复杂的经济过程中转移出来，而集中在企业财务方面的各种相互关系上，因此财务比率分析是财务分析的一种主要的方法。

本书将之分为偿付能力分析、营运能力分析、盈利能力分析、发展能力分析和股市比率分析五项，重点是盈利能力分析。

财务比率能对企业财务问题做出许多回答，比如一家商业银行的信贷人员在考虑一项为期一年的贷款申请时，他需要了解申请贷款的公司是否有足够的偿付能力和流动性；股票的潜在投资者希望了解公司的盈利能力如何；而公司管理层想知道为了发展以举债方式融资是否合理。运用财务比率，可以帮助相关人员得到这些问题的答案。财务比率为回答下述问题提供了依据：

1. 企业财务的流动性如何？流动性涉及偿还到期债务的能力和资产变为现金的能力，这对企业的信用十分重要。

2. 企业资产是否产生足够的利润？企业购置资产的目的是能产生利润，如果利润大小与投资规模相比不匹配，必须查出是什么原因。

3. 企业投资是如何筹集资金的？这些融资决策对投资人的收益有直接影响。

4. 投资人的收益是否充分？企业管理的目标是最大限度地增加投资人投资的价值，投资者得到的收益水平是决定公司股票价值的决定因素。

5. 企业发展情况如何？企业是平稳增长还是跳跃式发展，还是有升有降、波动起伏，通过财务比率的计算和比较以及图表的列示，可以清楚地展现出来。

虽然财务比率分析所需的数字是简单的，但是正确地运用财务比率去回答上述问题，需要充分理解财务比率分析，并具备娴熟的分析技能。财务比率分析还应结合行业情况、科技进步情况以及会计核算方法等，进行综合分析。

二、行业平均财务比率

财务比率为分析者提供了企业的财务数据与其他企业之间的可比性，例如一家年销售额两亿元的企业的存货通常比年销售额一亿元的企业更大，但是这两家企业的销售与存货的比率可能相似，因而财务比率便于不同企业之间的比较。

进行财务比率分析时，在计算出财务比率之后，如何判断它是偏高还是偏低？与本企业的历史比较，只能看到自身的变化，无法知道在竞争中所处的地位，因此需要进行企业之间的对比。与同行业、同规模的其他企业进行比较，可以看出与对方的不同，为发现问题和查找差距提供线索。但是，对方并不一定是好的，与之不同也未必不好，这时反映行业平均水平的财务比率，就可以作为评价一家公司财务表现优劣的参照物。以行业平均财务比率作为基础进行比较分析，更容易发现企业的异常情况，便于揭示企业存在的问题。

行业平均财务比率的确立采用的是统计方法，以大量历史数据的统计结果作为标准。这种方法是假设大多数情况是正常的，社会平均水平是反映标准状态的，脱离了平均水平，就脱离了正常状态。郎咸平教授举过一个案例，著名企业家李嘉诚旗下一家上市百货公司，几项主要的财务比率与同行业的其他公司相差无几，由此得出结论："再伟大的企业家，也改变不了行业的本质。"这个结论有点以偏概全，香港的百货公司如此，但我们看许多行业的上市公司，从事相同的产品和服务，好的差的距离不小。一家上市公司，如果它的几项主要的财务比率大大好于行业平均水平，便会受到广泛关注。进行财务分析，以及股市打假活动，都离不开与行业平均财务比率的比较。

西方国家有的证券类网站、报刊会定期公布按行业划分的平均财务比率，我国的一些证券类网站也会提供上市公司的财务比率，为财务报表使用者进行分析提供帮助。

对于行业的平均财务比率，在使用时应对其统计工作有所了解：

1. 行业平均指标是根据部分企业抽样调查得来的，不一定能全面反映整个行业的实际情况。如果其中有很少量极端的样本，也可能扭曲整个情况。这涉及样本的范围、统计口径的确定，只能说行业平均财务比率是在一定范围内的基本可信的参考坐标。

2. 作为样本的每家公司采用的会计方法和程序存在差异，另外，可能资本密集型企业与劳动密集型企业加在一起平均，可能负有大量债务的企业与负有少量债务的企业加在一起平均。因此，行业平均财务比率不是一个数点，而是一个允许的范围。

三、财务比率分析的局限性

财务比率分析的局限性主要表现在以下几个方面：

1. 当企业进行多元化经营时，往往难以将其划归哪一行业，故无法将其与同行业水平相比。而行业平均标准只是一个大概数，为分析者提供一个一般的指南。一项财务比率在不同行业的公司之间往往不具可比性，有的行业早已产能过剩，有的新兴产业正处于供不应求的急剧扩张期。

2. 企业之间财务比率的比较可能具有偏差，因为各企业的会计核算不大相同，这会导致财务比率计算的口径存在或大或小的差异，例如会计实务中对公允价值、各项减值、研究开发费用、借款费用等项目的确认有差异，固定资产折旧方法、存货计价方法、坏账损失核算方法、无形资产摊销方法不同等。

3. 企业各期水平不同，只看某一期的财务报表可能带有片面性。例如会计记录反映的是历史成本，通货膨胀引起的货币购买力变化会扭曲不同时期财务比率的可比性，在通货膨胀期间，那些营业收入、净收益与资产、股东权益之间的财务比率可能会歪曲性地上扬。

4. 计算出来的财务比率反映的是各个会计要素之间过去的关系，过去的数据未必就能反映未来的前景，包括未来的行业景气、供求关系、价格波动等。

5. 对外部使用者而言，有些公司的财务报表造假，带有欺骗性，对其进行分析会产生错误的判断。

第四节　财务分析报告

财务分析报告是以财务报表及其他相关财务信息为依据，对某一会计主体或其某一部门的财务情况进行分析，找出差距，指出方向，提出建议，指导企业财务工作的一种书面报告。写好财务分析报告，掌握和评价企业的财务情况，有利于改善企业的经营管理，提高财务管理水平。

一、财务分析报告的类型

（一）综合分析报告

综合分析报告又称全面分析报告，是企业对经营活动和财务事项做出系统、综合、全面的分析与评价所形成的书面报告。它主要于半年度和年度进行财务分析时撰写，撰写要求既要全面，又要抓住重点。

（二）专题分析报告

专题分析报告又称专项分析报告，是针对经营管理过程中某一方面的问题进行分析所写的书面报告。它能及时、深入地揭示企业在某一方面的经营或财务情况，提供详细的数据资料，有助于解决企业某一方面的问题。

（三）简要分析报告

简要分析报告是对几个主要财务指标或一两个重点问题进行概要分析而形成的书面报告。它具有简明扼要、切中要害的特点，用来说明企业在分析期内业务经营的基本情况，反映财务活动的发展趋势，提出改进工作的建议。它可按月、按季进行撰写。

财务分析报告还按分析的时间，分为定期分析报告与不定期分析报告。

二、财务分析报告的结构

财务分析报告的结构根据报告所反映的内容一般可以多种多样，没有固定的格式和体裁，但要能够反映要点、分析透彻、有实有据、观点鲜明、符合报送对象的要求。一般来说，包含以下内容：

（一）标题

标题应简明扼要，例如《××公司××年度财务分析报告》。

（二）摘要说明

摘要说明要求概括地反映企业的综合情况，例如简要介绍企业的经营及财务的一些基本情况，或简要提出企业存在、面临的重大问题。

（三）分析

这是报告的主要部分，要突出中心、突出重点、突出问题的症结所在。

这一部分是对分析对象进行分析研究，要有理有据，突出反映企业当前的重点、难点问题，找出问题的原因和症结，以达到解决问题的目的。

为了使报告清晰明了，要善于运用表格、图示，使其易懂、生动、形象。例如编制分析表时，根据分析的目的，将财务报表及有关资料经过合理再分类、再组合，配以分析计算项目，采用表格、图示，清晰地显示出各项目之间的内在联系、各指标之间的差异及变动趋势，使分析更形象、更具体。

（四）建议（意见）

针对分析发现的问题，提出具体的、切实可行的改进建议，以利于问题的解决。

（五）署名和日期

三、撰写财务分析报告的一般要求

（一）重点突出

着重对企业当前的重点、热点问题进行分析。

（二）观点明确

有主有次抓住问题，让人看明白当期经营情况。

（三）数据确凿

数据是真实的、完整的，报告的质量才可靠。

（四）文字简练

结构要清楚，使用的语言要有条理、合乎逻辑。

四、撰写财务分析报告应做好的几项工作

（一）关注企业经营管理情况

财务管理人员应多了解采购、生产、质量、销售、市场、投资、融资等各种情况。

（二）关注企业重要事项

财务管理人员应多了解企业经营管理的重要事项，包括事项发生变化的各种影响因素。

（三）注意收集整理资料

财务管理人员应多阅读各相关部门提交的有关文件、报表等资料，以利于了解情况、发现问题。

五、撰写财务分析报告应注意的几个问题

（一）从企业管理的角度出发

报告的阅读对象主要是管理层，而管理层希望看到的是一份站在企业经营的角度来发现和回答问题的分析报告。财务管理人员要了解管理层真正想了解什么样的信息，同时要了解经营管理方面的决策情况，从企业管理的角度，从回答和解决实际问题出发去思考问题。

（二）从实际业务出发

财务数据反映的是企业的经营业务，要将财务数据和经营业务背景联系起来，掌握财务数据变化和经营业务变化之间的相互关系，根据财务数据的变化来了解业务的实际情况，发现业务开展过程中存在的问题。

（三）从全局的角度出发

进行财务分析时，要将各个指标数值之间的勾稽关系有机地联系起来，进行环环相扣、递进式的分析判断，得出符合企业实际的、准确的分析结论。

（四）从动态的角度出发

进行财务分析时，要用发展的、动态的观点来分析指标数值的变化。一个财务指标可能是由多种因素构成的，一种财务状况可能是由多种情况导致的。例如企业的某种产品出现亏损，可能是由于经营管理不善造成的，也可能是为扩大市场份额让利促销而让该产品暂时亏损，为其他产品或将来该产品创造更大的发展空间所造成的。

（五）下结论应慎重

分析报告中的结论性词句对报告阅读者的影响相当大，如果在分析报告中草率地下结论，就很可能形成误导。例如许多企业会计核算还不规范，费用的实际发生期与报销期往往不一致，对于诸多大额的费用，如果会计人员忽略核算的时滞差，就很可能得出偏差的结论。

本章小结

1. 财务分析是系统分析和评价企业过去和现在的财务情况、预测企业未来的财务情况。

2. 狭义的财务分析指的是财务报表分析，用于评价企业的偿付能力、营运能力、盈利能力、发展能力和现金流量等。

3. 通过对比率分析法的运用，人们可以把注意力从复杂的经济过程中转移出来，而集中在企业财务方面的各种相互关系上。

4. 写好财务分析报告，掌握和评价企业的财务情况，有利于改善企业的经营管理，提高财务管理水平。

复习题

1. 简述财务分析的定义。
2. 简述财务报表分析的目的和内容。
3. 复述行业平均财务比率确立的方法。
4. 简述撰写财务分析报告的一般要求。

第三章

财务报表比较分析

财务报表比较分析分为内部比较分析和外部比较分析。内部比较分析是企业将报表中的各项数据与前期、计划数据进行比较。外部比较分析，例如人们可以透过一些行业标准进行比较，行业标准是同行业企业在同一时期内的平均水平，有的证券类网站会公布这些数据，企业可以通过数据、比率与行业标准的比较，来看出自身经营的好坏。应注意的是，同行业内的两家公司并不一定是可比的，同行业内还有细分业务，例如汽车行业，有的主要生产燃油汽车，有的主要生产电动汽车。有些公司跨行业经营，会计上统一核算，也难以比较。

进行财务分析首先是要对照行业标准，同行业中各企业的财务比率经常差距很大。所谓行业标准只是选择的样本企业的平均数、中位值。对行业标准的财务指标进行分析，为投资、融资、企管等决策提供参考。财务分析首先看行业，进行行业分析要了解政策法规信息、市场信息、行业背景信息，按照全面性和重要性要求进行信息的搜集和整理。例如一个行业严重产能过剩，不是一年两年就能走出困境的，在这种情况下，行业内再优秀的企业家、再卓越的管理，也避免不了亏损；而有的行业在特定时段谁都能赚钱。企业管理层需要做好行业分析。

说财务分析首先看行业，是指一个行业繁荣时，身处其中的企业容易赚到钱；当行业萧条时，整个板块的财务报表均惨不忍睹，经营得最好的也只有低净利润率或亏损较少。财会人员撰写财务分析报告时，并不要求写一段行业分析。多数行业较易分析，例如钢铁、水泥行业，行业产能过剩就是过剩，众所周知。有的行业分析超出财会人员所能，错综复杂，更涉及不明朗的政策因素，过去易于描述，未来难以预期，财会人员能做的是参照比较同行业的财务指标，在撰写财务分析报告时，只写本企业的数据分析。

进行行业分析时要注意通常所说的夕阳产业、朝阳产业，要进一步细看，有的夕阳产业里有朝阳企业，即能够创造出新兴的高净利润率产品或服务的企业。例如造船业属于夕阳产业，有的造船厂能够制造以高难度、高技术、高附加值著称的 LNG（液化天然气）船；有的朝阳产业，一窝蜂上马，造成一段时期内行业产能过剩、巨额亏损，例如太阳能电池行业。传统产业中有高新技术的产品，而新兴产业中也有很快落伍的技术和产品。讲行业分析是说先看行业，再看企业。

第一节　本书例题使用的财务报表

以下报表引用自某上市公司（A 公司，主营业务：工程机械产品及配件的开发、生产和销售），年度做了更改，尾数四舍五入，可能总数相差1。表中除特别注明外，金额单位为人民币万元。

一、三个年度的资产表

表3-1 A公司2012—2014年度的资产表 单位：万元

项目	2012年末	2013年末	2014年末
流动资产：			
货币资金	423 975	597 040	1 024 699
交易性金融资产	268	5 314	2 073
应收票据	25 980	111 317	105 092
应收账款	444 844	572 791	1 130 487
预付款项	78 727	133 536	197 712
其他应收款	72 671	54 951	78 386
存货	399 292	568 727	813 441
其他流动资产		11 127	26 489
流动资产合计	1 445 759	2 054 802	3 378 378
非流动资产：			
长期股权投资	22 936	19 794	32 890
固定资产	433 365	614 838	1 052 884
在建工程	131 856	216 649	314 231
工程物资	24 592	67 492	116 337
无形资产	119 077	156 010	215 994
开发支出	86	356	91
长期待摊费用	363	218	1 608
递延所得税资产	29 382	15 045	18 259
其他非流动资产	180		
非流动资产合计	761 836	1 090 401	1 752 294
资产总计	2 207 595	3 145 204	5 130 672
流动负债：			
短期借款	169 908	499 444	950 213
交易性金融负债		21	3 646

续表

项　目	2012 年末	2013 年末	2014 年末
应付票据	120 290	227 700	260 348
应付账款	234 377	438 874	406 682
预收款项	53 193	95 849	89 212
应付职工薪酬	8 727	31 363	30 940
应交税费	38 114	84 622	100 572
应付利息	1 892	2 077	6 926
应付股利	10 000	51 732	10 000
其他应付款	321 268	229 310	308 461
一年内到期的非流动负债	46 090	103 234	146 179
流动负债合计	1 003 860	1 764 226	2 313 180
非流动负债：			
长期借款	165 968	121 223	668 038
应付债券	48 710	48 856	49 009
预计负债	3 824	8 717	10 511
递延所得税负债	18 522	3 308	4 058
其他非流动负债	1 974	7 021	10 516
非流动负债合计	238 999	189 126	742 131
负债合计	1 242 859	1 953 351	3 055 311
股东权益：			
股本	148 800	506 247	759 371
资本公积	123 820	969	969
盈余公积	85 793	137 188	183 500
未分配利润	544 113	500 780	1 035 859
外币报表折算差额	-9 841	-10 153	-13 428
归属于母公司的股东权益合计	892 685	1 135 032	1 966 271
少数股东权益	72 051	56 821	109 090
股东权益合计	964 736	1 191 852	2 075 361
负债及股东权益总计	2 207 595	3 145 204	5 130 672

二、三个年度的利润表

表3－2　A公司2012—2014年度的利润表　　单位：万元

项　目	2012年度	2013年度	2014年度
一、营业收入	1897 581	3 395 494	5 077 630
减：营业成本	1 223 208	2 144 184	3 225 223
营业税金及附加	5 886	13 124	25 952
销售费用	204 158	320 483	421 600
管理费用	100 151	192 150	306 314
财务费用	13 334	29 833	80 727
资产减值损失	12 562	15 295	40 352
加：公允价值变动收益	4 515	5 035	－6 866
投资收益	－7 303	4 229	14 123
其中：对联营企业和合营企业的投资收益	615	1 642	3 812
二、营业利润	335 494	689 688	984 720
加：营业外收入	5 259	15 082	102 207
减：营业外支出	5 101	10 946	7 700
其中：非流动资产处置损失	1 199	1 596	3 218
三、利润总额	335 651	693 825	1 079 227
减：所得税费用	33 408	77 422	143 071
四、净利润	302 244	616 403	936 155
其中：被合并方在合并前实现的净利润	67 406	38 353	
归属于母公司股东的净利润	263 990	561 546	864 890
少数股东损益	38 253	54 857	71 266
五、每股收益			
（一）基本每股收益	1.32(元)	1.11(元)	1.139(元)
（二）稀释每股收益	1.32(元)	1.11(元)	1.139(元)
六、其他综合收益	－629	571	－3 246
七、综合收益总额	301 615	616 973	932 910
归属于母公司股东的综合收益总额	263 325	562 004	861 614
归属于少数股东的综合收益总额	38 290	54 970	71 295

三、三个年度的现金流量表

表3－3　A公司2012—2014年度的现金流量表　　　单位：万元

项　目	2012年度	2013年度	2014年度
一、经营活动产生的现金流量			
销售商品、提供劳务收到的现金	1 910 070	3 732 983	5 257 022
收到的税费返还	11 142	8 139	14 623
收到其他与经营活动有关的现金	95 238	73 819	111 584
经营活动现金流入小计	2 016 450	3 814 941	5 383 229
购买商品、接受劳务支付的现金	1 110 719	2 278 903	3 757 134
支付给职工以及为职工支付的现金	118 400	220 504	360 785
支付的各项税费	122 854	231 516	457 691
支付其他与经营活动有关的现金	196 484	409 105	579 716
经营活动现金流出小计	1 548 457	3 140 028	5 155 326
经营活动产生的现金流量净额	467 993	674 912	227 903
二、投资活动产生的现金流量			
收回投资收到的现金	6 413	13 160	973
取得投资收益收到的现金	1 734	2 936	13 108
处置固定资产、无形资产和其他长期资产收回的现金净额	14 157	35 382	11 715
收到其他与投资活动有关的现金	27	55 008	7 530
投资活动现金流入小计	22 332	106 486	33 326
购建固定资产、无形资产和其他长期资产支付的现金	199 719	442 618	713 557
投资支付的现金	18 136	18 556	14 533
取得子公司及其他营业单位支付的现金净额		228 016	5 938
支付其他与投资活动有关的现金	10 298	94 710	93 317
投资活动现金流出小计	228 152	783 899	827 345
投资活动产生的现金流量净额	－205 820	－677 414	－794 019
三、筹资活动产生的现金流量			
吸收投资收到的现金	300	11 994	300
取得借款收到的现金	400 453	687 451	2 479 380

续表

项　目	2012 年度	2013 年度	2014 年度
收到其他与筹资活动有关的现金	48 415		
筹资活动现金流入小计	449 168	699 445	2 479 680
偿还债务支付的现金	499 799	345 147	1 403 429
分配股利、利润或偿付利息支付的现金	109 877	141 306	165 711
支付其他与筹资活动有关的现金	12 864	131 110	10 372
筹资活动现金流出小计	622 539	617 563	1 579 512
筹资活动产生的现金流量净额	-173 371	81 882	900 168
四、汇率变动对现金及现金等价物的影响	-1 951	-1 027	291
五、现金及现金等价物净增加额	86 850	78 354	334 343
加：期初现金及现金等价物余额	322 111	408 961	487 315
六、期末现金及现金等价物余额	408 961	487 315	821 658

四、三个年度部分各季度末资产表栏目

表 3-4　A 公司 2012—2014 年度部分各季度末资产数据　　单位：万元

项　目	年初数	一季度末	半年末	三季度末	年末数
2012 年：					
应收账款	310 186	347 113	406 507	478 380	444 845
存货	301 258	361 742	364 796	315 518	399 292
资产总计	1 396 734	1 494 761	1 526 016	1 589 056	2 207 595
股东权益合计	618 487	646 923	686 084	775 374	964 736
2013 年：					
应收账款	444 845	745 834	811 826	792 282	572 791
存货	399 292	396 628	492 677	516 963	568 727
资产总计	2 207 595	2 303 595	2 874 347	2 989 249	3 145 204
股东权益合计	964 736	1 012 426	974 079	1 115 976	1 191 852
2014 年：					
应收账款	572 791	1 323 958	1 335 511	1 488 772	1 130 487
存货	568 727	726 653	780 284	912 028	813 441
流动资产合计	2 054 802	3 328 274	3 580 627	3 883 416	3 378 378

续表

项　目	年初数	一季度末	半年末	三季度末	年末数
非流动资产合计	1 090 401	1 241 396	1 394 529	1 556 996	1 752 294
资产总计	3 145 204	4 569 671	4 975 156	5 440 412	5 130 672
股本	506 247	506 247	759 371	759 371	759 371
股东权益合计	1 191 852	1 472 560	1 775 401	1 966 314	2 075 361

第二节　财务报表横向趋势分析

横向趋势分析是指将报告期指标与前期同类指标的数值进行比较，观察差异变动，以便进一步评价指标数值的变化趋势。

财务报表横向趋势分析通常是观察连续三年的财务报表，比较各期的有关项目金额，分析主要指标的变动情况，在此基础上判断其发展趋势，从而对未来可能出现的结果做出预测。运用横向比较分析，报表使用者可以了解有关项目的动态趋势，判断这种变动趋势是有利或者不利，并对企业的未来发展做出预测。如果只分析一年的财务报表往往不够全面，观察连续三年的报表，比单看一年的财务报表能了解到更多的信息，并有利于分析变化的趋势。

具体做法是采用连续三年前后期对比的方式编制横向比较财务报表，计算百分数，从中发现有用的信息。目的是查明哪些项目起了大的变化，是什么造成这些变化，这些变化对企业的未来有何影响。

运用横向比较分析法需要使用 Excel 表格设置公式计算出百分数，百分数有两种，即定比和环比。定比是选定某一期作为基期，然后其余各期与基期数比较，计算出百分数，显示各项目与基期相比发生了多大变化。环比是将各项目各期数与其前一期数相比较，计算出百分数，显示各项目在各期与其前一期相比发生了多大变化。

一、资产表横向比较

下面，我们以 A 公司为例，进行横向比较分析，以揭示该公司的发展趋势。

根据表 3 - 1 资产表，计算 A 公司 2012—2014 年度的资产表横向比较百分数，如表 3 - 5 所示。

表 3-5　A 公司 2012—2014 年度的资产表横向比较百分数　（%）

项　目	2012 年末	2013 年末	2014 年定比 2012 年	2014 年环比 2013 年
流动资产：				
货币资金	100	140.8	241.7	171.6
交易性金融资产	100	1 982.8	773.5	39.0
应收票据	100	428.5	404.5	94.4
应收账款	100	128.8	254.1	197.4
预付款项	100	169.6	251.1	148.1
其他应收款	100	75.6	107.9	142.6
存货	100	142.4	203.7	143.0
其他流动资产				238.1
流动资产合计	100	142.1	233.7	164.4
非流动资产：				
长期股权投资	100	86.3	143.4	166.2
固定资产	100	141.9	243.0	171.2
在建工程	100	164.3	238.3	145.0
工程物资	100	274.4	473.1	172.4
无形资产	100	131.0	181.4	138.4
开发支出	100	414.0	105.8	25.6
长期待摊费用	100	60.1	443.0	737.6
递延所得税资产	100	51.2	62.1	121.4
其他非流动资产	100	–	–	–
非流动资产合计	100	143.1	230.0	160.7
资产总计	100	142.5	232.4	163.1
流动负债：				
短期借款	100	293.9	559.3	190.3
交易性金融负债				17 361.9
应付票据	100	189.3	216.4	114.3
应付账款	100	187.3	173.5	92.7
预收款项	100	180.2	167.7	93.1
应付职工薪酬	100	359.4	354.5	98.7

续表

项　目	2012 年末	2013 年末	2014 年定比 2012 年	2014 年环比 2013 年
应交税费	100	222.0	263.9	118.8
应付利息	100	109.8	366.1	333.5
应付股利	100	517.3	100.0	19.3
其他应付款	100	71.4	96.0	134.5
一年内到期的非流动负债	100	224.0	317.2	141.6
流动负债合计	100	175.7	230.4	131.1
非流动负债：				
长期借款	100	73.0	402.5	551.1
应付债券	100	100.3	100.6	100.3
预计负债	100	228.0	274.9	120.6
递延所得税负债	100	17.9	21.9	122.7
其他非流动负债	100	355.7	532.7	149.8
非流动负债合计	100	79.1	310.5	392.4
负债合计	100	157.2	245.8	156.4
股东权益：				
股本	100	340.2	510.3	150.0
资本公积	100	0.8	0.8	100.0
盈余公积	100	159.9	213.9	133.8
未分配利润	100	92.0	190.4	206.8
外币报表折算差额	100	103.2	136.4	132.3
归属于母公司的股东权益合计	100	127.1	220.3	173.2
少数股东权益	100	78.9	151.4	192.0
股东权益合计	100	123.5	215.1	174.1
负债及股东权益总计	100	142.5	232.4	163.1

注意：若表 3－1 资产表中数值为零，就无法进行比较；若为负数，则看其是同向变动还是反向变动，例如表 3－1 中的“外币报表折算差额”。

表 3－5 可用图 3－1 表示如下：

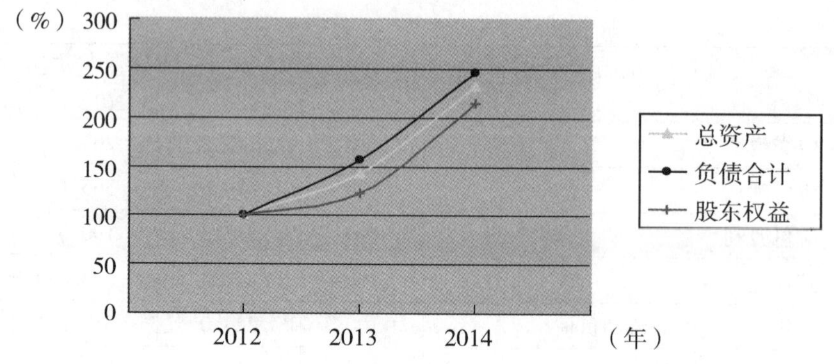

图 3-1 A 公司 2012—2014 年度的资产表横向定比图

从表 3-5、图 3-1 中可以看出:

1. 货币资金逐年大幅增加，2014 年比上年的增幅超过总资产的增幅，比以前年度更为充裕。

2. 应收账款的增幅在 2013 年还低于总资产的增幅，2014 年则远远超过总资产的增幅，从这方面来看，企业的风险大增，如果出现大额坏账，利润将遭遇侵蚀。应收账款主要还是要对照营业收入来看，我们来看一下表 3-6 营业收入的增幅，也是如此，应收账款的增幅在 2013 年还低于营业收入的增幅，2014 年则远远超过营业收入的增幅，这要引起管理层的重视。

3. 存货的增幅在 2013 年与总资产的增幅同步，2014 年则比总资产的增幅低 20.1%，对照应收账款的增幅，说明公司以更宽松的销售条件扩大业务，也间接说明公司的销售渠道畅通。这还要对照一下表 3-6 营业成本的增幅来看，2013 年存货的增幅远小于营业成本的增幅，存货周转率大为加快，2014 年两者趋近，存货的增幅略小于营业成本的增幅，存货周转率加快的势头下降。在第五章第二节“流动资产营运能力分析”中计算出 2014 年存货周转率的结果是 4.2 次，将近一个季度周转一次，这对于所处工程机械行业的 A 公司来说，其存货管理处于优良的范围之内。

4. 固定资产、在建工程、工程物资均逐年大幅增加，尤其是固定资产在 2014 年比上年增长了 71.2%，增幅超过总资产的增幅，金额比上年增加了 43.8 亿元，公司未来的产能将急遽扩大。

5. 流动资产、非流动资产、总资产在 2013 年均比上年增长 43% 左右，在 2014 年均比上年增长 63% 左右，这是一种巧合还是管理层有意的安排？可以看作有一定的规划。这种资产结构并不理想，本书将在第五章“营运能力分析”的第三节、第四节中进一步论述。我们看到的是总资产规模迅猛增长，公司高速发展。

6. 公司借款猛增，2014 年，短期借款是前年的 5.6 倍，是上年的 1.9 倍；长期借款是前年的 4 倍，是上年的 5.5 倍。应付账款在 2014 年比上年反而略有降低，在流动负债中只占 17.6%，在该公司算不上重点。2014 年年末，短期借款 95 亿元，长期借款 66.8 亿元，合计高达 161.8 亿元，公司是否债台高筑呢？我们来看，负债合计的增幅与总资产的增幅相差不大，在第四章第二节“短期偿付能力分析”和第三节“长期偿付能力分析”中，结论是偿付能力没有问题。利息负担当然急遽加重，但只要公司具备优良的盈利能力，负担这些利息很值得。

我们再来看负债合计的增幅，2013 年是上年的 1.57 倍，2014 年是上年的 1.56 倍，管理层对负债规模的增长有一定的控制。

7. 来看一看股东权益。首先看到股本猛增，2013 年是上年的 3.4 倍，2014 年是上年的 1.5 倍。未分配利润，2013 年比上年略降，2014 年比上年则是倍增，绝对数值远超股本。股东权益合计的增幅，2013 年比总资产的增幅低 19%，2014 年则高出 11%，总体上跟上了总资产规模的迅猛增长，股东获利极为丰厚。

8. 最后，看一下图 3－1，负债线上扬最大，其次是总资产，最后是股东权益，三条线相邻，略有差距，负债的增幅略高于总资产的增幅，股东权益的增幅略低于总资产的增幅。

应注意的是，应收账款的规模是否过大，要看第五章第二节“流动资产营运能力分析”中的应收账款周转率，计算出 2014 年应收账款周转次数的结果是 4.3 次，将近一个季度周转一次。鉴于公司所处工程机械行业不同于别的行业的一手交钱、一手交货，存在分期收款的情况，且部分订单收款期较长，总的将近一个季度周转一次，不能一看到应收账款的绝对金额高达 113 亿元，就说应收账款的规模过大。

固定资产大增就能说明未来的产能将急遽扩大吗？我们要看公司披露年报的附注中固定资产的明细列示，本例中，2014 年“房屋及建筑物”新增约 27 亿元，“机器设备”新增约 22.3 亿元，新增那么多机器设备往哪放？房屋及建筑物中必定有很大一部分是新建好的厂房，厂房和机器大增，未来的产能必然急遽扩大。产能，即生产能力，不是指销售，销售要看市场情况和营销部门。产能扩大了，可能产销两旺，也可能产销下滑，这是由市场决定的。

二、利润表横向比较

根据表 3－2 利润表，计算 A 公司 2012—2014 年度的利润表横向比较百分数，如表 3－6 所示。

表3－6　A公司2012—2014年度的利润表横向比较百分数　（%）

项　目	2012年	2013年	2014年定比2012年	2014年环比2013年
一、营业收入	100	178.9	267.6	149.5
减：营业成本	100	175.3	263.7	150.4
二、毛利润	100	185.6	274.7	148.0
减：营业税金及附加	100	223.0	440.9	197.7
销售费用	100	157.0	206.5	131.6
管理费用	100	191.9	305.9	159.4
财务费用	100	223.7	605.4	270.6
资产减值损失	100	121.8	321.2	263.8
加：公允价值变动收益	100	111.5	－152.1	－136.4
投资收益	100	－57.9	－193.4	334.0
其中：对联营企业和合营企业的投资收益	100	267.0	619.8	232.2
三、营业利润	100	205.6	293.5	142.8
加：营业外收入	100	286.8	1，943.5	677.7
减：营业外支出	100	214.6	151.0	70.3
其中：非流动资产处置损失	100	133.1	268.4	201.6
四、利润总额	100	206.7	321.5	155.5
减：所得税费用	100	231.7	428.3	184.8
五、净利润	100	203.9	309.7	151.9
其中：被合并方在合并前实现的净利润	100	56.9		
归属于母公司股东的净利润	100	212.7	327.6	154.0
少数股东损益	100	143.4	186.3	129.9
六、每股收益				
（一）基本每股收益	100	84.1	86.3	102.6
（二）稀释每股收益	100	84.1	86.3	102.6
七、其他综合收益	100	－90.8	516.1	－568.5
八、综合收益总额	100	204.6	309.3	151.2
归属于母公司股东的综合收益总额	100	213.4	327.2	153.3
归属于少数股东的综合收益总额	100	143.6	186.2	129.7

注意表中加了一栏毛利润，毛利润的概念请看第六章第二节“营业盈利能力分析”。

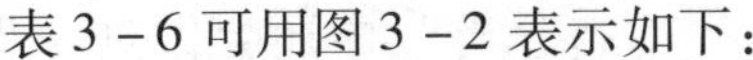

表3－6可用图3－2表示如下：

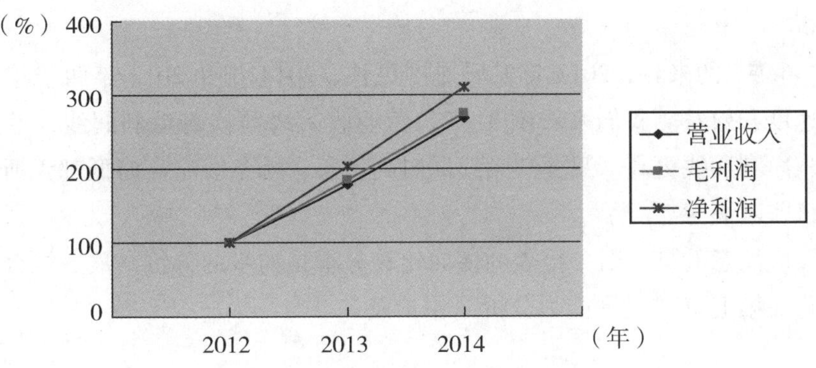

图3－2 A公司2012—2014年度的利润表横向定比图

从表3－6、图3－2中可以看出：

1. 销售规模猛增，2013年是上年的1.8倍，2014年是上年的1.5倍，销售部门的成绩显著。

2. 营业成本的增幅与营业收入的增幅相差无几，使得毛利润的增幅与营业收入的增幅也相差无几。显然，公司在成本控制方面是有一定成效的，确保了毛利润的增幅与营业收入的增幅大致同步。

3. 销售费用的增幅低于营业收入的增幅，管理费用的增幅高于营业收入的增幅，两者应该倒过来，更需要管控的是管理费用而非销售费用。销售费用的增幅增大，可能会带来营业收入和净利润更大的增幅，对于销售费用中的广告宣传费、交际应酬费等，达到一定的效果就是有利的投入。技术先进、质量上乘的产品和服务，需要广为人知。财务费用大增，是由于借款的猛增，这不太重要，前文已经讲过。

4. 净利润的增幅，2013年比上年高出营业收入增幅的25%；2014年与上年相比，两者增幅大致相当。2013年比上年净利润的增幅高出毛利润的增幅18.3%，从表3－2利润表的金额来看，主要是对销售费用的管控带来的，并没有要求说净利润的增幅要大于毛利润的增幅，两者大致同步就差不多了。2014年比上年净利润的增幅与毛利润的增幅相差无几。

净利润的增幅，2013年比上年低于股本的增幅，造成每股收益的降低；2014年比上年略微高于股本的增幅，每股收益也随之略微高于上年。

5. 就资产利用效果而言，营业收入和净利润的增幅，2013 年比上年大大高于总资产的增幅；2014 年比上年则低于总资产的增幅。2013 年的资产利用效果更好，我们在第七章第三节“主要财务比率动态分析”中还会做进一步的比较分析。

6. 总的来看，2013 年发展速度更快，2014 年和 2013 年两个年度都有很好的速度和效益。我们来看图 3-2，营业收入线紧挨着毛利润线，毛利润略高一筹，净利润线更高。只要三条线同时高增长，哪条线略高略低都无所谓，股东都应该非常满意。

应注意的是，财务报表的横向比较分析是初步的分析，最后综合的深入的分析将在第七章“发展能力分析”中论及。

第三节 财务报表纵向结构分析

财务报表纵向结构分析也称比重分析，是侧重于对报表中某一总体项目的各个构成因素所产生的影响大小及其程度高低的分析。具体做法是选定一个总体项目，将连续三年财务报表的数据计算出选定基数的百分率，进行纵向比较，就可以看出企业财务资源的配置结构和各项目的相对重要性以及动态趋势。

一、纵向结构分析的程序和作用

纵向结构分析的程序，是计算资产表和利润表的纵向百分数，即以资产表中的资产总额、利润表中的营业收入的金额为基数，将表中项目以基数的百分数形式列示。

纵向结构分析的作用，是可以直观地看出企业的财务结构。应注意的是，由于各项目数据所占基数的比重不同，其金额百分比的变动对整体的影响也就不同，因此要按重要性原则分别判断。

（一）资产结构

特别要关注货币资金、交易性金融资产、应收票据、应收账款、存货、固定资产等的比重。货币资金、交易性金融资产、应收票据三者是现金及准现金资产，企业财务状况的稳健性先要看这类资产占总资产的比重。

（二）负债结构

应当关注短期借款、应付账款、长期借款与应付债券占总资产的比重。

（三）股东权益结构

主要观察股权资本结构，是较为单一还是多元化。不同的股权资本结构在公司治理和对待财务风险上会有所不同，股权结构对企业的决策机制、监督机制和激励机制产生影响，从而影响企业的经营业绩。此外，还要看股东权益的增加是增资扩股还是未分配利润增长等。

（四）利润表结构

从利润表纵向比较中可以直观地看出毛利润、净利润等指标的变动趋势。

二、资产表纵向比较

资产表的纵向结构分析，是对构成报表的资产、负债、股东权益这三大会计要素之间以及三大要素所包含的具体内容之间的相互比例关系的分析。通过对表中各项目以及各项目在总资产中所占的比重进行比较分析，进一步了解企业的财务状况，发现其中存在的问题，并从结构变动方面观察其动态走向。

根据表 3-1，计算 A 公司 2012—2014 年度的资产表纵向比较百分数，如表 3-7 所示。

表 3-7　A 公司 2012—2014 年度的资产表纵向比较百分数　　（%）

项　目	2012 年末	2013 年末	2014 年末
流动资产：			
货币资金	19.2	19.0	20.0
交易性金融资产	0.01	0.2	0.04
应收票据	1.2	3.5	2.0
应收账款	20.2	18.2	22.0
预付款项	3.6	4.2	3.9
其他应收款	3.3	1.7	1.5
存货	18.1	18.1	15.9
其他流动资产		0.4	0.5

续表

项　目	2012 年末	2013 年末	2014 年末
流动资产合计	65.5	65.3	65.8
非流动资产：			
长期股权投资	1.0	0.6	0.6
固定资产	19.6	19.5	20.5
在建工程	6.0	6.9	6.1
工程物资	1.1	2.1	2.3
无形资产	5.4	5.0	4.2
开发支出	0.004	0.01	0.002
长期待摊费用	0.02	0.01	0.03
递延所得税资产	1.3	0.5	0.4
其他非流动资产	0.01		
非流动资产合计	34.5	34.7	34.2
资产总计	100	100	100
流动负债：			
短期借款	7.7	15.9	18.5
交易性金融负债		0.001	0.1
应付票据	5.4	7.2	5.1
应付账款	10.6	14.0	7.9
预收款项	2.4	3.0	1.7
应付职工薪酬	0.4	1.0	0.6
应交税费	1.7	2.7	2.0
应付利息	0.1	0.1	0.1
应付股利	0.5	1.6	0.2
其他应付款	14.6	7.3	6.0
一年内到期的非流动负债	2.1	3.3	2.8
流动负债合计	45.5	56.1	45.1
非流动负债：			
长期借款	7.5	3.9	13.0
应付债券	2.2	1.6	1.0
预计负债	0.2	0.3	0.2

续表

项　目	2012 年末	2013 年末	2014 年末
递延所得税负债	0.8	0.1	0.1
其他非流动负债	0.1	0.2	0.2
非流动负债合计	10.8	6.0	14.5
负债合计	56.3	62.1	59.5
股东权益：			
股本	6.7	16.1	14.8
资本公积	5.6	0.03	0.02
盈余公积	3.9	4.4	3.6
未分配利润	24.6	15.9	20.2
外币报表折算差额	-0.4	-0.3	-0.3
归属于母公司的股东权益合计	40.4	36.1	38.3
少数股东权益	3.3	1.8	2.1
股东权益合计	43.7	37.9	40.5
负债及股东权益总计	100	100	100

表 3-7 可用图 3-3 表示如下：

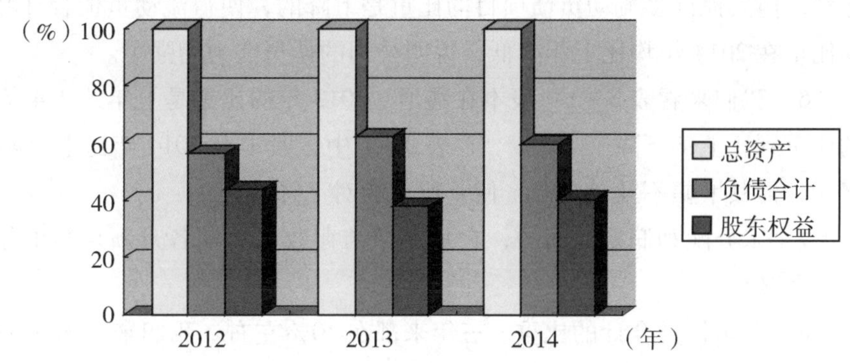

图 3-3　A 公司 2012—2014 年度的资产表纵向图

从表 3-7、图 3-3 中可以看出：

1. 货币资金的比重连年保持在 19% ~20%，说明管理层对现金头寸有一定的安排。这样高于 15% 的现金及准现金资产比重，表明现金充裕，日常不会左支右绌。供应商看到这一百分数就会比较安心，因为该公司手头常备着钱。

2. 应收账款的比重，2013 年比上年降低了 2%，2014 年比上年上升了

3.8%，应引起重视，因为这一百分数比较敏感，例如2014年末513亿元的总资产规模，3.8%就是19.5亿元，与当年度93.6亿元的净利润相比，数目不小。市场经济充满风险，销售收款就是其中的一项风险。上一节横向比较分析中对该公司的应收账款有过论述，一是应收账款的规模不能说是过大，二是这一百分数的上升要引起管理层的重视。

3. 上一节横向比较分析中对存货的论述是：存货的增幅在2013年与总资产的增幅同步，2014年则比总资产的增幅低20.1% 。在本节表3-7中可以看到，存货的比重在2013年与上年平齐，2014年则略有下降。通常情况下，在保障供应的前提下，存货的降低显示库存管理和流动资金使用效率的提高。

4. 固定资产的比重连年保持在20%左右，同样，流动资产保持在65%左右，非流动资产保持在34%左右 。上一节横向比较分析中讲到该公司的流动资产、非流动资产、总资产三者与上年的同步增长相比是巧合还是有意的安排时，笔者认为可能管理层对大的资产结构有一定的规划。本书在第五章第三节“长期资产营运能力分析”中将论及公司的资产结构。

5. 短期借款和长期借款的比重，在2014年均比上年上升，说明借贷融资的作用加强。应付账款的比重在2014年降到了10%以下，支付供应商货款方面的管理在该公司不是个问题。虽然短期借款和长期借款的比重在2014年均比上年上升，但其他许多流动负债项目的比重是下降的，使得流动负债合计和负债合计的比重在2014年均比上年降低，说明公司的偿付能力增强了。

6. 我们来看表3-1，股本在猛增。2013年的比重是上年的2.4倍，2014年的比重则比上年下降了1.3%。在表3-1中，股本在2014年比上年剧增了25.3亿元，但其增幅不及总资产，使其比重相对下降。

7. 未分配利润是变动的，它是上期结存数与本期各月新增数的累加，随着分配而减少。

8. 股东权益合计的比重，三年来都在40%左右。我们来看图3-3，股东权益合计和负债合计的结构比例基本都保持在四六开。与其规模和盈利的急遽增长相比，资本结构尚属于稳健型的风格。

总的来说，虽然公司在高速发展，但大的财务结构比较稳健。这跟公司属于民营企业也有关系，银行不是他的提款机，企业的风险意识较强。

应注意的是，在上一节横向比较分析中，可以拿表3-5资产表横向比较百分数中的应收账款、存货、总资产的增幅，与表3-6利润表横向比较百分数中的营业收入的增幅进行比较。本节中的应收账款、存货的百分数不能与表3-6中的营业收入的百分数相比较，一个横向，一个纵向，不可比。

三、利润表的纵向比较

利润表的纵向结构分析，是对表中各项目以及各项目占营业收入的比重进行比较分析，以深入了解企业的投入产出与经营盈利情况，发现影响净利润的主要因素，分析收入、费用、利润的变动趋势。

根据表 3－2，计算 A 公司 2012—2014 年度的利润表纵向比较百分数，如表 3－8 所示。

表 3－8　A 公司 2012—2014 年度的利润表纵向比较百分数　（%）

项　目	2012 年	2013 年	2014 年
一、营业收入	100	100	100
减：营业成本	64.5	63.1	63.5
二、毛利润	35.5	36.9	36.5
减：营业税金及附加	0.3	0.4	0.5
销售费用	10.8	9.4	8.3
管理费用	5.3	5.7	6.0
财务费用	0.7	0.9	1.6
资产减值损失	0.7	0.5	0.8
加：公允价值变动收益	0.2	0.1	－0.1
投资收益	－0.4	0.1	0.3
其中：对联营企业和合营企业的投资收益	0.03	0.05	0.1
三、营业利润	17.7	20.3	19.4
加：营业外收入	0.3	0.4	2.0
减：营业外支出	0.3	0.3	0.2
其中：非流动资产处置损失	0.1	0.05	0.1
四、利润总额	17.7	20.4	21.3
减：所得税费用	1.8	2.3	2.8
五、净利润	15.9	18.2	18.4
其中：被合并方在合并前实现的净利润	3.6	1.1	
归属于母公司股东的净利润	13.9	16.5	17.0
少数股东损益	2.0	1.6	1.4

续表

项　目	2012 年	2013 年	2014 年
六、每股收益			
（一）基本每股收益			
（二）稀释每股收益			
七、其他综合收益	-0.03	0.02	-0.1
八、综合收益总额	15.9	18.2	18.4
归属于母公司股东的综合收益总额	13.9	16.6	17.0
归属于少数股东的综合收益总额	2.0	1.6	1.4

表 3-8 可用图 3-4 表示如下：

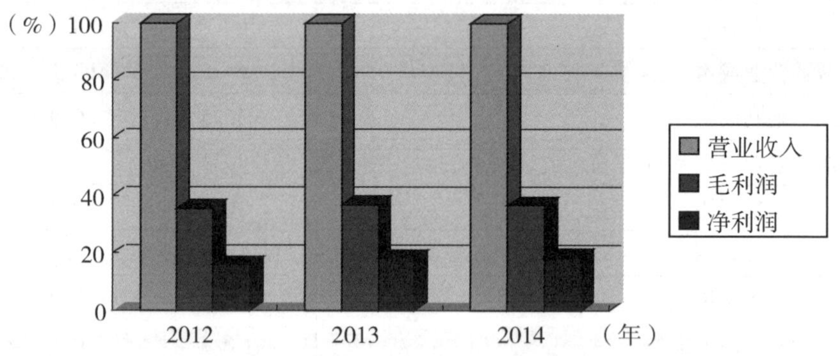

图 3-4　A 公司 2012—2014 年度的利润表纵向图

从表 3-8、图 3-4 中可以看出：

1. 营业成本一直控制在 64% 左右，使得毛利润一直保持在 36% 左右。

2. 营业费用的比重略有下降，管理费用的比重略有上升，财务费用的比重在上升。

3. 所得税费用的比重略有上升，该公司是高新技术企业，按 15% 的税率缴纳企业所得税。对于该公司，税项不是分析的重点。

4. 净利润的比重连年上升，尤其是 2013 年增幅显著，对于净利润这一最重要的指标，比重上升 2.3% 是十分显著的。

5. 最后，我们来看图 3-4，毛利润的比重三年平齐，净利润的比重则有所上升，接近 20% 那条线，能够接近 20% 已经是很高的了。净利润与毛利润的比重同步就好，不须刻意要求其上升。

对于利润表的纵向比较来说，许多问题已经在横向比较中阐明，纵向比较常作为补充。

最后要说一下，财务分析要抓住主要和重要的方面，不能事无巨细，报告写得冗长，不得要领。还有，本书中的行文是作为范例用的，写分析报告要求就数据论述，与之无关的不写。

本章小结

1. 财务报表横向趋势分析是指将报告期指标与前期同类指标的数值进行比较，观察差异变动，以便进一步评价指标数值的变化趋势。

2. 财务报表纵向结构分析也称比重分析，是侧重于对报表中某一总体项目的各个构成因素所产生的影响大小及其程度高低的分析。

复习题

1. 简述财务报表横向趋势分析的具体方法。
2. 简述财务报表纵向结构分析的程序。

第四章

偿付能力分析

进行偿付能力分析首先要看企业的所有制性质和所属的行业。国有企业（独资或控股）只要主营业务有盈利、具备盈利能力，即便是净利润率较低，政府是后盾，国有银行是提款机，负债率较高，也显得积极进取，偿付能力分析不是很重要。但对于亏损国企，对之进行偿付能力分析则非常有必要。而民营企业的负债率高，则是冒险主义，背离稳健性原则。国企易于得到较低利率的贷款，对国民经济来说并不是一件好事，因为它容易导致一些行业过度投资、产能过剩，甚至有的国企拿着较低利率的贷款转贷赚取利息差。

不同行业的企业负债率有很大差别，有的行业普遍较高，有的行业普遍较低。例如房地产开发公司有楼盘作为抵押，可以更多地利用借贷资金；工厂的机器设备，作为抵押物远逊于楼盘；而软件、网络公司，则较少能够利用借贷资金，其融资主要依赖股权资本，负债率较低。

还需要知道借贷资金成本的国际比较，我国借贷资金的利率是全世界最高的，民间借贷的利率更是畸高。2014 年，我国银行一年期的贷款利率为 6% ~ 7%，而美国则是 2. 25%，德国为 3. 5%，日本只有 1%。在我国香港，一年期的人民币贷款利率约为 4%，美元贷款约为 2%，港币贷款约为 2% ~2. 5%。体现在我国贷款较多的大型企业的利润表上，财务费用的金额较大。内地企业要想获得香港银行贷款，存在诸多壁垒，在深圳前海、上海自贸区，有越来越多的企业获得香港的银行贷款。

偿付能力是企业偿还到期各种债务的能力，通过对它的分析，能揭示企业财务风险的大小。企业经营管理活动对资金的需求呈现波浪起伏的状态，这就决定了企业在融资活动中要有一定比例的负债融资，以满足企业对资金的某一时期的需求。企业的债务是以持有一定的资产为物质保证的，债务到期就必须以资产变现偿付。资产按变现能力或流动性的强弱分为短期资产和长期资产，因此，偿付能力分析也分为短期偿付能力分析和长期偿付能力分析。

第一节 借款利率与利润率

在讲述企业偿付能力分析之前，我们先讲讲借款利率与企业利润率的关系，对此有深刻的认识，有助于理解企业的偿付能力。

如果借款利率低于企业的息税前利润率，企业通过借贷可得到更多的投资报酬；如果借款利率超过企业的息税前利润率，会削弱股东的利益。这种举债经营的财务支撑作用，如同杠杆，故也称财务杠杆的运用。

下面举例说明，表中企业所得税税率为 25%。

当全部资本息税前利润率为 16.5% 时，则息税前利润 = 全部资本 ×16.5%，最终计算出息税后净利润、股权资本净利润率，如表 4 – 1 所示。

表 4 – 1 利率与利润率关系表 单位：万元

项 目	利率 6.5%	利率 6.5%	利率 10%	利率 10%
全部资本	10 000	10 000	10 000	10 000
其中：股权资本	8 000	5 000	8 000	5 000
借贷资本	2 000	5 000	2 000	5 000
息税前利润	1 650	1 650	1 650	1 650
利息费用	– 130	– 325	– 200	– 500
企业所得税	– 380	– 331.25	– 362.5	– 287.5
息税后净利润	1 140	993.75	1 087.5	862.5
股权资本净利润率	14.3%	19.9%	13.6%	17.3%

当全部资本息税前利润率为 10% 时，如表 4 – 2 所示。

表 4 – 2 利率与利润率关系表 单位：万元

项 目	利率 6.5%	利率 6.5%	利率 10%	利率 10%
全部资本	10 000	10 000	10 000	10 000
其中：股权资本	8 000	5 000	8 000	5 000
借贷资本	2 000	5 000	2 000	5 000
息税前利润	1 000	1 000	1 000	1 000
利息费用	– 130	– 325	– 200	– 500
企业所得税	– 217.5	– 168.75	– 200	– 125
息税后净利润	652.5	506.25	600	375
股权资本净利润率	8.2%	10.1%	7.5%	7.5%

当全部资本息税前利润率为 6.5% 时，如表 4 – 3 所示。

表 4 – 3 利率与利润率关系表 单位：万元

项 目	利率 6.5%	利率 6.5%	利率 10%	利率 10%
全部资本	10 000	10 000	10 000	10 000
其中：股权资本	8 000	5 000	8 000	5 000

续表

项　目	利率 6.5%	利率 6.5%	利率 10%	利率 10%
借贷资本	2 000	5 000	2 000	5 000
息税前利润	650	650	650	650
利息费用	-130	-325	-200	-500
企业所得税	-130	-81.25	-112.5	-37.5
息税后净利润	390	243.75	337.5	112.5
股权资本净利润率	4.9%	4.9%	4.2%	2.3%

当全部资本息税前利润率为 0 时，如表 4-4 所示。

表 4-4　利率与利润率关系表　　单位：万元

项　目	利率 6.5%	利率 6.5%	利率 10%	利率 10%
全部资本	10 000	10 000	10 000	10 000
其中：股权资本	8 000	5 000	8 000	5 000
借贷资本	2 000	5 000	2 000	5 000
息税前利润	0	0	0	0
利息费用	-130	-325	-200	-500
息税后净利润	-130	-325	-200	-500
股权资本净利润率	-1.6%	-6.5%	-2.5%	-10%

当全部资本息税前利润率为 -6.5% 时，如表 4-5 所示。

表 4-5　利率与利润率关系表　　单位：万元

项　目	利率 6.5%	利率 6.5%	利率 10%	利率 10%
全部资本	10 000	10 000	10 000	10 000
其中：股权资本	8 000	5 000	8 000	5 000
借贷资本	2 000	5 000	2 000	5 000
息税前利润	-650	-650	-650	-650
利息费用	-130	-325	-200	-500
息税后净利润	-780	-975	-850	-1 150
股权资本净利润率	-9.8%	-19.5%	-10.6%	-23%

当全部资本息税前利润率为－10%时，如表4－6所示。

表4－6　利率与利润率关系表　　　单位：万元

项　目	利率6.5%	利率6.5%	利率10%	利率10%
全部资本	10 000	10 000	10 000	10 000
其中：股权资本	8 000	5 000	8 000	5 000
借贷资本	2 000	5 000	2 000	5 000
息税前利润	－1 000	－1 000	－1 000	－1 000
利息费用	－130	－325	－200	－500
息税后净利润	－1 130	－1 325	－1 200	－1 500
股权资本净利润率	－14.1%	－26.5%	－15%	－30%

当全部资本息税前利润率为－16.5%时，如表4－7所示。

表4－7　利率与利润率关系表　　　单位：万元

项　目	利率6.5%	利率6.5%	利率10%	利率10%
全部资本	10 000	10 000	10 000	10 000
其中：股权资本	8 000	5 000	8 000	5 000
借贷资本	2 000	5 000	2 000	5 000
息税前利润	－1 650	－1 650	－1 650	－1 650
利息费用	－130	－325	－200	－500
息税后净利润	－1 780	－1 975	－1 850	－2 150
股权资本净利润率	－22.3%	－39.5%	－23.1%	－43%

表中，“利息费用”不是利息净支出（借款利息－存款利息）或财务费用的概念，而是仅指借款利息支出；股权资本净利润率等于息税后净利润除以股权资本。该表是简化概念，以便于说明问题，读者可在Excel表格中列出不同的利率和利润率，看看发生的变化。

从以上表格中可以看出，当全部资本息税前利润率高于借款利息率时，股权资本净利润率随着借贷资本比重的升高而上升；当全部资本息税前利润率低于借款利息率时，股权资本净利润率随着借贷资本比重的升高而下降。

由此可见，利用财务杠杆适度地借入资金可以提高股权资本的利润率，但过多地借入资金则会增加财务风险，一旦经营情况发生变化，全部资本息税前利润率下降并低于利息率，股权资本净利润率就会因为弥补利息支出而有更大幅度的下降。这就需要依靠企业管理层的判断能力，在市场繁荣、全部资本息税前利润率高于借款利息率时期可以举债经营，扩大生产规模，增加股权资本的利润；在市场开始不景气、全部资本息税前利润率低于借款利息率时期偿还借款，缩小债务规模。

第二节　短期偿付能力分析

在企业经营管理中，必须支付购买原材料的价款、职工薪酬、税金等。而且，向债权人筹措来的资金，虽有长短之分，一旦到期均须偿还。因此企业必须经常保持足以支付这些支出的资产，尤其是对于流动负债，有些项目每个月度都要面临偿付，所以随时要有足够的现金等流动资产。

按照《中华人民共和国公司法》（以下简称《公司法》）的规定，公司因不能清偿到期债务，被依法宣告破产的，由人民法院依照有关法律的规定，组织股东、有关机关及有关专业人员成立清算组，对公司进行破产清算。

在资产表中，流动负债栏后面有“一年内到期的非流动负债”项目，将于一年内到期的长期债务转入了短期债务。所以，偿付能力分析首重短期偿付能力分析。

短期偿付能力主要是分析企业资产的流动性，它是指企业在一定期间（一年或一个营业周期）内以流动资产偿还流动负债的能力。短期偿付能力的大小，主要取决于流动资产的大小以及资产变现速度的快慢。具有良好的短期偿付能力的企业必须是有充裕的流动资产运用于企业的经营和管理，没有债务压力，并且其营业状况良好的企业。如果企业缺乏短期偿付能力，不但资金周转困难，无法支付其短期债务以及获得有利的购货折扣机会，而且可能意味着在偿还长期债务方面也有问题。企业能否及时偿付到期的流动负债，是反映财务状况好坏的重要标志，企业必须十分重视短期债务的偿还能力，维护良好的信誉。

反映企业短期偿付能力的指标有净流动资金、流动比率、速动比率和现金比率。

一、净流动资金

净流动资金是流动资产减去流动负债后的余额，是企业维持正常经营活动所需资金的基本保证，表明企业在按期足额偿还流动负债之后，还有多少流动资产可以用于经营管理。

该指标的计算公式如下：

$$净流动资金=流动资产-流动负债$$

$$净流动比率=\frac{净流动资金}{流动负债}\times100\%$$

根据表 3－1，计算 A 公司 2014 年年末的净流动资金如下：

$$净流动资金=3378378-2313180=1065198(万元)$$

$$净流动比率=\frac{1065198}{2313180}\times100\%\approx46\%$$

计算结果表明，流动资产高出流动负债 46%，净流动资金是充裕的。

净流动资金通常被视为企业经营使用流动资金的安全保证，净流动资金越多，表明不受短期债务约束的可用资金越充裕，经营管理所需资金越有保证；反之，净流动资金过低，意味着在按期偿付和保证经营管理所需之间左支右绌，资金需求可能会出现紧张的情况。

净流动资金是用于衡量短期偿付能力的绝对值指标，在不同企业及同一企业的不同期间，可能存在显著的规模差异，因此该指标不能进行比较。

净流动资金管理也称为短期财务管理，包括流动资产和流动负债管理。20 世纪后期以来，西方企业界推崇“零净流动资金”，实行“JIT 管理（Just In Time，及时管理，零库存）”，实施“以流量抵存量”，即资产流入、流出同步协调，以降低资产存量的管理，大力降低存货和应收账款的占用，从而降低整体的流动资金占用。“零净流动资金”目标管理本质上就是降低流动资金占用、加快流动资产周转速度，加速现金流的周转速度，同时增大现金流，创造出更多的盈利和价值。但这种管理模式在我国须谨慎，因为社会环境大不相同。在我国，应保留较多的净流动资金，安全第一，而且充足的净流动资金使企业拥有主动性和灵活性。

二、流动比率

流动比率（Current Ratio）是指流动资产与流动负债的比率，这一指标历经 100 多年而在财务分析中居于重要位置。它表明企业每一元流动负债有多少流动资产作为偿还的保障，反映企业在短期内用流动资产偿还到期流动负债的能力。

该指标的计算公式如下：

$$\textbf{流动比率}=\frac{流动资产}{流动负债}\times100\%$$

流动比率是所有资产表比率中最常用的，它不仅是资产变现能力的尺度，也是管理者保持安全边际的尺度。一般来说，流动比率越高，反映企业短期偿付能力越强，债权人的权益越有保证。流动比率高，不仅反映企业拥有的净流动资金多，而且表明企业可以变现的资产数额大，债权人遭受损失的风险小。因为从整体上来看，流动资产的变现能力与流动负债的偿还期限基本对称。

如果流动比率大于1，说明企业的流动资产不仅从物质保证性和偿还可能性上能保证流动负债的及时偿还，而且即使遇到流动资产周转不畅，也能有一定的资产周转缓冲，来确保流动负债的及时、足额偿还。无疑，短期债权人对这种流动比率的企业持有乐观的预期。

如果流动比率等于1，从物质保证性来说，只要流动资产不发生重大损失，流动负债的偿还就具备物质基础；从偿还可能性来说，只要流动资产能及时、足额实现周转价值，流动负债的清欠就有现实的可能。但是，由于流动资产在变现过程中可能遇到种种障碍，使得流动比率为1时，也可能会面临到期不能偿付的风险。在日本，20世纪后半期大力推广JIT管理系统，存货的数量大为减少，许多行业以流动比率等于1为理想比率，但这仅仅是日本的情况。

如果流动比率小于1，说明流动资产不能保证流动负债的及时偿还，这对于短期债权人来说，无疑是一个不良的信号。在这种情况下，潜在的短期债权人可能放弃对企业的资金注入，企业的短期融资将会陷入困境。即使企业有良好的信誉和坚实的经营基础，可以获得短期的新债还旧债，但危机也随时可能出现。

此外，流动资产在满足对流动负债的偿还的基础上，还必须满足企业的经营管理对流动资产的需要。按照西方企业的长期经验，一般认为流动比率为2∶1比较合适，它表明企业财务稳定可靠，除了满足日常正常经营的流动资金的需要外，还有足够的财力偿还到期的流动负债，流动资产和流动负债对应的结构是稳健的。但近二三十年来，西方制造业企业的流动比率平均多在1～1.5之间，呈现下降的趋势。

根据表3－1，计算A公司2014年年末的流动比率如下：

$$\text{流动比率} = \frac{3378378}{2313180} \times 100\% \approx 146\%$$

计算结果表明，该比率约等于1.5∶1，企业短期偿付能力较强，流动资金运用得当。

如果流动比率过高，则表明企业流动资产占用较多，会影响资金的使用效率和企业的盈利能力，需要进一步分析流动资产的结构是否合理，如货币资金是否运用得当，存货是否呆滞积压，应收账款的流动状况是否正常等。如果流动比率过低，表明企业可能捉襟见肘，难以如期偿还债务。因此，分析流动比率还需注意流动资产的结构、流动资产的周转情况、流动负债的数量与结构等情况。

对于各种流动资产的比例，即使两家公司具有相同的流动比率，流动资产中货币性资产占有较高比例的公司与存货占有较高比例的公司相比，具有更强的变现能力。流动资产周转速度较快的公司与较慢的公司相比，具有更强的变现能力。流动负债中预收款项的比例较高的公司面临着较小的偿付压力。进行流动比率分析要注意流动资产的构成，经营不善的企业常有大批超过一年的呆账或呆货，流动资产长期化了。

总之，流动比率对衡量企业如期偿付短期债务的能力是个很有用的指标。但在运用时，要注意以下几点：

1. 流动比率并不是衡量短期偿付能力的绝对标准。手中缺少货币资金的企业，也许能通过举债来偿还当前债务。流动比率较低的公司，或许能通过举借长期债务来偿还流动负债，这样做会提高公司的流动比率，此时应结合长期偿付能力来做整体的偿付能力分析。这时，要着重分析资产的变现能力，即销售和收款情况，变现能力差的企业将面临风险。

2. 虽然流动比率较高，企业有足够的可变现资产，但这并不等于说企业已有足够的货币资金用来还债。流动比率高可能是存货积压、应收账款和票据增多且收账期延长以及预付款项和损失增加的结果，如果真是这样，用来清理债务的现款就会不足。这时，需进一步分析流动资产的构成才能得出结论。

3. 从短期债权人角度来看，流动比率越高越好，但是，从企业经营的角度来看，过高的流动比率表明企业在流动资产上占用了过多的资金，存货、应收账款、预付账款等过多表明企业经营效率低下。

4. 合适的流动比率标准对不同企业而言是不一样的，也就是说，流动比率的高低应视不同行业、不同企业而定。例如流行时装的生产商需要较高的流动比率，因为企业的应收账款和存货都有较高的风险；而金属运销商的流动比率即使比服装生产商低得多，也可能是安全的，因为金属运销商主要的流动资产是钢铁、铜和铝型材等存货，这些资产不会过时，唯一的风险是市场价格大幅度下跌。

三、速动比率

速动比率（Quick Ratio）也称酸性测验比率（Acid Test Ratio），是企业速动资产与流动负债的比率，用于衡量流动资产中可以立即用于偿付流动负债的能力。

速动资产包括货币资金、交易性金融资产、应收票据、应收账款、其他应收款等流动资产，预付款项、存货则不计入。在流动资产中，属交易性金融资产的股票和债券等，可随时在证券市场出售变现，应收票据和应收账款通常也能在较短时期内变为现金。当然，应收账款中账龄超过一定期限的，发生坏账的可能性较大。同样，对有些信用级别较低、流动性较差的短期有价证券，在出售时可能会因市场价格的波动而蒙受一些损失，但在此通常对这些不作调整。

该指标的计算公式如下：

速动资产 = 流动资产 - 预付款项 - 存货

$$\text{速动比率} = \frac{\text{速动资产}}{\text{流动负债} - \text{预收款项}} \times 100\%$$

计算速动比率时，分子扣除存货是因为存货是流动资产中变现较慢的部分，它通常要经过产品的售出和账款的收回两个过程才能变现。此外，存货中还可能包括不适销对路从而难以变现的产品；至于预付款项，只能减少企业未来的现金付出，不能变现。因此，这两项不计入速动资产。分母扣除预收款项是因为预收账款一般用企业的产品来偿还，与存货相关，而与速动资产无关。

速动比率可以用做流动比率的辅助指标。有时企业流动比率虽然较高，但在流动资产中易于变现、可用于立即支付的资产较少，则短期偿付能力仍然较差。速动比率能更准确地反映企业的短期偿付能力。

按照西方企业的长期经验，一般认为速动比率为 1∶1 比较合适，它表明企业的每一元负债，都有一元易于变现的资产作为抵偿。这时只要不遇到收款困难，偿还流动负债所需的现款就能及时获得，企业不会遇到偿付压力。但是一旦在某一特定时间，企业出现额外的现金需要，以致超出了原来流动负债的偿还数，这时速动比率为 1 就不是一个安全比率了。速动比率因行业不同会有很大的差别，例如采用现金销售的商场，几乎没有应收账款，大大低于 1 的速动比率是正常的；而一些应收账款很多的企业，速动比率要大于 1 才会被认为是比较合理的。总的来说，速动比率为 1 在实践中被证明是相对较合适的比率。但近二三十年来，西方制造业企业的流动比率呈下降趋势，速动比率也呈下降趋势。这里应注意，西方国家营商环境较为完善，应收款项通常较易收现。《中华人民共和国破产法》（以下简称《破产法》）第七条规定：债务人不能清偿到期债务，债权人可以向人民法院提出对债务人进行重整或者破产清算的申请。

根据表3-1，计算A公司2014年年末的速动比率如下：

速动资产 = 3378378 - 197712 - 813441 = 2367225（万元）

$$速动比率 = \frac{2367225}{2313180 - 89212} \times 100\% \approx 106.4\%$$

计算结果表明，这一比率超过100%，企业有足够的能力偿还流动负债。

如果速动比率过高，说明企业可能拥有过多的应收账款，带来较多的债权占用而发生的机会成本；如果速动比率过低，说明企业的偿付能力存在不足，必然面临很大的流动压力，风险自然很高。实际上，在企业财务管理活动中，应根据市场状况和债务人的信用情况等因素，在基本保持速动比率约等于1的前提下，做出一定的灵活调整，亦即速动比率因企业、行业、季节不同而略有不同。

速动比率比之流动比率，在对短期负债偿还能力的分析考核上更具体化了。因为速动比率计算中的速动资产将流动资产中变现能力不强且不稳定的资产排除在外，从而使流动负债的偿还建立在更加坚实的变现能力的基础上。当然，由于速动资产中仍然具有变现能力不确定的资产，所以，还不能百分之百地按速动比率的计算结果来判断流动负债的安全性或者企业不能及时偿付的风险。

必须注意的是，尽管速动比率更能反映流动负债偿还的安全性和稳定性，但是并不能认为速动比率较低的企业的流动负债到期得不到偿还。实际上，如果企业存货流转顺畅，变现能力强，即使速动比率较低，只要流动比率较高，企业仍然能够到期足额还本付息。所以，速动比率更适合于以较高标准衡量企业是否面临偿付风险。

在对企业的短期偿付能力进行分析时，要将流动比率和速动比率结合起来。还要注意有些企业存在大量的不良资产，例如逾期应收款项、积压的存货，这些资产的质量较差。

四、现金比率

现金比率也称超速动比率，是现金及准现金资产与流动负债的比率。这里现金及准现金资产是指与企业的库存现金近乎具有相同变现能力的货币资金、交易性金融资产和应收票据，它们可以随时提现、转让变现、贴现变现，持有它们就近似于持有现金。注意这类资产的概念，它不同于第一章第四节“现金流量表的意义”中的现金概念，它的范围更大。

该指标计算的公式如下：

$$现金比率 = \frac{现金及准现金资产}{流动负债} \times 100\%$$

现金及准现金资产 = 货币资金 + 交易性金融资产 + 应收票据

式中，货币资金是指货币形态表现的资金，包括现金、银行存款和其他货币资金。交易性金融资产主要包括为交易目的所持有的债券投资、股票投资、基金投资、权证投资等。应收票据是指企业因销售商品、提供劳务等而收到的、尚未到期兑现的商业票据，在我国只是指商业汇票，商业汇票可背书转让，可在未到期前向银行申请贴现，通常收款风险很小。

可以看出，这一比率是速动比率的进一步细化，它意味着作为偿付保证的是变现能力近乎百分之百的资产，以此评估短期偿付能力最具安全性。一般情况下，企业不必保留过多的现金及准现金资产，这类资产往往是收益率最低的资产，如果这一比率过高，就意味着原本不必筹集过多的短期借款。但企业有必要保留较多的这类资产，在“过多”与“较多”之间是有所区别的。现金及准现金资产的日常保有量是财务管理的重要项目，这类资产占总资产比重保持在15%以上是较稳健的，处于5%以下则易陷入被动，此时，安全第一、主动第一，而不是先考虑收益率。

美国微软、谷歌等公司常年保有巨额现金及准现金资产，给人以高度安全性和随时可投资高科技项目的形象，这里，注意它们的行业属性是软件、网络公司。

根据表3－1，计算A公司2014年年末的现金比率如下：

现金及准现金资产 = 1024699 + 2073 + 105092 = 1131864（万元）

$$现金比率 = \frac{1131864}{2313180} \times 100\% \approx 48.9\%$$

计算结果表明，A公司只要动用现金及准现金资产即可偿还约一半的流动负债。

现金比率并没有一个较为接近的、公认为合理的标准，各企业按各自的实际情况维持不同的比率。

下面，我们来计算A公司的现金及准现金资产占总资产的比重，该指标的计算公式如下：

$$现金及准现金资产比重 = \frac{现金及准现金资产}{资产总额} \times 100\%$$

$$现金及准现金资产比重 = \frac{1131864}{5130672} \times 100\% \approx 22.1\%$$

计算结果表明，A公司的现金及准现金资产是充裕的。这在第三章第三节“财务报表纵向结构分析”中已经讲过。

现金及准现金资产通常是低收益率资产，库存现金、商业汇票无利息收入，银行存款和短期债券利率低，企业持有的较多现金未投入有利的经营、扩张，看起来是在付出机会成本，但财务管理需要坚持稳健性原则。

第三节　长期偿付能力分析

企业在扩大生产阶段，由于在扩建厂房、购置设备等方面需要大量资金，靠正常流动资金不能满足，需要举借长期债务，这些长期负债不是短期内可以偿还的。长期偿付能力是指企业偿还长期负债的能力，或者说是偿还所有债务的能力，因为企业一般是先偿还流动负债再偿还长期负债。

衡量企业长期偿付能力及反映企业资本结构的指标主要有：

一、资产负债率

资产负债率（Asset－liability Ratio）是指负债合计与总资产的比率，是衡量企业在多大程度上利用债权人的资金进行生产经营活动的指标，反映在总资产中有多大的比例是通过负债形成的，也就是从资产和负债的依存关系角度，反映债务的物质保障程度。这一比率表明企业偿还全部债务的能力，也反映企业利用债权人提供的资金进行经营活动的能力。

该指标的计算公式如下：

$$\text{资产负债率} = \frac{\text{负债合计}}{\text{总资产}} \times 100\%$$

资产负债率反映负债合计占总资产的比例。从债权人的立场来看，他们关心的是能否按期收回本金和利息，由于资产负债率的高低直接关系到他们所提供的资金或发放的贷款的安全程度，所以他们希望企业有较低的资产负债率。这样，即使企业破产清算，他们的权益也能在较大程度上得到保障。而对一个资产负债率很高的企业来说，是很少有人愿意再借钱给它的。

从企业的立场来看，债务利息可以在企业所得税前扣除，有节税效益。如果股权资本加上借贷资金的息税前利润率超过借款利率，那就收到两项好处：一是扩大了股东的利润，尤其在通货膨胀时期，可以用贬值的货币偿还债务；二是扩大了经营规模。此外，股东还保持着对企业的控制权。反之，股权资本加上借贷资金的息税前利润率低于借款利率，也会产生两项不良效果：一是减少了股东的利润，因为借入资金多出的利息要由股东所得的利润来弥补；二是加重了企业的负担和风险，此时应着手减轻企业的债务包袱。

根据表 3－1，计算 A 公司 2014 年年末的资产负债率如下：

$$资产负债率 = \frac{3055311}{5130672} \times 100\% \approx 59.5\%$$

计算结果表明，A 公司债权人的权益是有保障的。

对 A 公司这样的民营企业，在净资产净利率优良的情况下，40% 以下的资产负债率较低；50%～60% 多属良性区间；70% 多偏高；80% 以上太高，风险大。在净资产净利率不良的情况下，应着力降低资产负债率，直到 40% 以下。

有的行业，像自来水公司、电力公司，每月有稳定的现金入账，对抗高资产负债率风险的能力强。某些畅销或销售稳定的超市、网店或实体店有类似的特征。而多数行业和企业，如果资产负债率过高的话，一旦出现销售下滑、应收款项不能及时收回等情况，就容易发生资金链断裂。

有的企业在资产负债率已经不低的情况下，面对新"机遇"的诱惑，急遽加大负债上马新项目，这是高风险的，这时要像 TCL 公司李东生说的："不要太过被机会所左右，放弃机会，比做错事情可能更好一些，不能过分地自信和乐观。"

企业资产负债率的社会统计数据具有经济学上的重要意义。郎咸平教授说，1980 年日本经济直逼美国，当时美国要求和日、英、法、德等国联合签订一份《广场协议》，其实《广场协议》就是要求日本货币升值，这样就会有大量的国际热钱涌进日本炒日元，越炒日币越升值。美国财政部压迫日本央行降低利率、放宽信用，使得日本信用泛滥，日本各大商社借钱扩张，日本老百姓借钱炒楼炒股、滥刷信用卡购物，导致汇率上升、股市泡沫、楼市泡沫、通货膨胀，而且日本的商社借了太多的钱，资产负债率很多都超过了 80%，高负债使得企业财务风险过大。在 1990 年的泡沫崩溃之后，日本经济长期衰退。日本著名经济学家辜朝明说，宏观管理当局完全开错了药方，日本经济的长期低迷，并不是因为银行不敢放贷，而是企业根本不愿意贷款，由于大量企业的资产表严重失衡，企业不仅不愿继续借款，反而不断偿还债务以缩小其负债规模。辜朝明认为，在这个时候，微观主体所追求的是负债最小化，而不是传统宏观经济学所假设的利润最大化，企业这个看上去相当理性的行为，在宏观上最终导致了日本经济不断收缩的合成谬误。正是因为忽视了微观主体在行为动机上的这一重要嬗变，日本才会长期陷入流动性陷阱，从而引发了货币政策的完全失效。为此，辜朝明发明了一个名词：资产表衰退。

当泡沫破灭、消费减少、价格降低、企业的利润率下降时，如同本章第一节“借款利率与利润率”表格所示，所谓“资产表衰退”，实质上是“利润表衰退”，是由利润率下降引发的。如果利润表是增长的，就会带动资产表改观。如果多数企业的利润表都是增长的，则国民经济繁荣。而要降低过高的资产负债率，需要现金流、利润来偿还债务，不是说降就降，需要时间。近十余年来，从日本股市中可见已有大批企业降低了资产负债率。

资产负债率不只是有行业区别，在不同的国家、地区、时期，都存在区别。例如内地和香港的房地产行业，股市报表比较之下，香港房地产公司的负债率低而内地的高。郎咸平教授说，香港的企业历经风暴、危机，风险意识强，更为保守，而内地改革开放30多年来GDP高增长，环境和观念不同。例如李嘉诚控股的长江实业等公司，负债率都很低。难道李嘉诚借不到钱吗？他不借，很保守。

二、有形资产负债率

有形资产（Tangible Assets）是总资产剔除预付款项、无形资产、待摊费用等资产后的部分。并非所有的资产都可作为长短期债务的偿付物质保证。例如无形资产及长期待摊费用采取摊销形式收回价值，它必须依靠存货价值的实现，其摊销价值才能实现，因此，它不能作为偿付保证。为了更谨慎和更稳妥地判断企业的偿付能力，我们使用这一比资产负债率更保守和更稳健的比率。

该指标的计算公式如下：

有形资产＝总资产－（预付款项＋无形资产＋开发支出＋长期待摊费用＋商誉＋递延所得税资产）

$$\textbf{有形资产负债率} = \frac{\text{负债合计}}{\text{有形资产}} \times 100\%$$

这一比率低，表明有更多的有形资产、实物资产或金融资产来支持长短期债务的偿还，企业的偿付能力强；反之，表明企业的偿付能力弱，企业的债务没有足够的物质保证。这一指标使得对企业偿付能力的分析建立在更加切实可靠的物质保证上。

根据表3－1，计算A公司2014年年末的有形资产负债率如下：

有形资产＝5130672－(197712＋215994＋91＋1608＋18259)

＝4697008（万元）

$$\text{有形资产负债率} = \frac{3\ 055\ 311}{4\ 697\ 008} \times 100\% \approx 65\%$$

从计算结果来看，A公司的债务是有保证的。有的公司资产负债率较高，风险大，但总资产中有形资产占的比重大，使其债务偿还比较有保障。

以下三项指标不重要，读者只需阅读了解一下即可。

三、利息保障倍数

利息保障倍数也称已获利息倍数或利息所得倍数，是息税前利润与利息费用的比率。这一比率越高，表明企业收益使之能承受越高的债务费用。因此，债权人要分析利息保障倍数，来衡量债权的安全程度。

当然，能否按期还债不仅要看利润情况，还要看企业的现金流量，即是否有足够的可动用现金。如果企业总是能够一贯按时、足额支付债务利息，它也许无需动用流动资产偿还债务本金，到期的债务本金可以续借或举借新债来偿还。

利润表上利润总额加利息费用近似于息税前利润（EBIT），该指标的计算公式如下：

$$息税前利润 = 利润总额 + 利息费用$$

$$利息保障倍数 = \frac{息税前利润}{利息费用}$$

式中，息税前利润的计算，利息费用并不等于利润表上财务费用的数额，因为当发生存款利息、汇兑损益或支付手续费时，财务费用账户的金额就相应变动了。这里的利息费用是指企业全年发生的银行长短期贷款利息（包括贷款购建固定资产时计入固定资产原价的资本化利息）、企业债券应付利息等的总额，应根据财务费用、固定资产、应付债券等账户数据分析计算。为简化计算，不剔除借贷款项的手续费、汇兑损益和借贷款项存放银行时的存款利息，只计算出利息净支出。同时，利润总额不予调整。外部分析只能用利润表的财务费用期末累计数替代利息费用，当存在较多的贷款购建固定资产的资本化利息，或较多的企业债券应付利息时，这样计算出来的倍数会偏大得多。应注意的是，中西方会计核算与报表格式有差异，这样计算出来的息税前利润与西方的EBIT不同，只是近似。

根据表3－2，计算A公司2014年度的利息保障倍数如下：

$$息税前利润 = 1079227 + 80727 = 1159954（万元）$$

$$利息保障倍数 = \frac{1159954}{80727} \approx 14.4(倍)$$

计算结果表明，A公司支付利息完全没有问题。

企业向银行贷款或发行债券，不仅要定期支付利息，还要到期偿还本金，相比于利息，本金是大数目，所以这是次要的指标。还有利润很可能是挂账的，此时还要看第八章第四节“现金流量比率分析”中的盈利现金比率。

四、股东权益比率与股东权益倍数

（一）股东权益比率

股东权益比率反映股东出资占全部投资的比重，即反映企业资产中有多少是股东投入的，计算公式如下：

$$股东权益比率=\frac{股东权益}{总资产}\times100\%$$

可见，股东权益比率 = 1 - 资产负债率，其分析正好与资产负债率相反。这个比率越高，说明企业的资本结构中所有者对企业的控制权越稳固，债权人的利益越有保障，企业较少面临偿付的压力。但是，对一个利润稳定增长或经营状况良好的企业而言，资本结构过于偏重股东权益，必然使企业融资成本提高，股东难以获得财务杠杆利益。

根据表 3 - 1，计算 A 公司 2014 年年末的股东权益比率如下：

$$股东权益比率=\frac{2075361}{5130672}\times100\%\approx40.5\%$$

计算结果表明，A 公司每 100 元资产中有 40.5 元是由股东提供的资金。

（二）股东权益倍数

股东权益倍数是股东权益比率的倒数，即总资产是股东权益的倍数，计算公式如下：

$$股东权益倍数=\frac{总资产}{股东权益}$$

这一倍数越高，财务风险越大。

根据表 3 - 1，计算 A 公司 2014 年年末的股东权益倍数如下：

$$股东权益倍数=\frac{5130672}{2075361}\approx2.5(倍)$$

计算结果表明，A 公司股权资本支撑着 2.5 倍的投资规模。

五、产权比率

这里讲的产权，是指对企业财产的所有权，通常指股东的产权。产权比率是指负债合计与股东权益合计之间的比率，可称为净资产负债率。这个比率用来表明由债权人提供的和由股东投资的资金来源的相对关系，也表明债权人投入的资金受股东权益的保障程度。

产权比率的计算公式如下：

$$产权比率=\frac{负债合计}{股东权益}\times100\%$$

上式表明，产权比率与资产负债率相似，只不过资产负债率的分母是：负债+股东权益。这一比率越低，表明企业的偿付能力越强，债权人权益的保障程度越高，承担的风险越小；反之则相反。

对于企业而言，借贷资金比股权资本的风险大，因为在某些具体的日期，需要支付借贷资金产生的固定利息支出，最后还要偿还本金，如果企业延期支付贷款，债权人就可以采取有可能导致企业宣告破产的法律行动。股权资本的风险小，企业董事会对股利的支付具有控制权，不需要向股东偿还本金。

通常认为，相对于借贷资金而言，企业资本结构中股权资本比重越高，这家企业越有可能渡过业务量下滑这道难关，然而这种下滑可能会导致一些股权资本比重低的企业破产。但是，和借贷资金相比，股权资本的资本成本较高，如果以相对较低的利息率借入一定量的资金，然后赚取较高的利润率，两项比率之间的差额就可以提高普通股每股净收益，而且不必增加流通在外的股数。在通货膨胀加剧时期，企业的负债可以将部分通货膨胀损失转嫁给债权人承担。

根据表3-1，计算A公司2014年年末的产权比率如下：

$$产权比率=\frac{3055311}{2075361}\times100\%\approx147\%$$

可见，A公司的负债约是股东权益的1.5倍。

产权比率等于资产负债率除以股东权益比率，推导如下：

$$\begin{aligned}产权比率&=\frac{负债合计}{股东权益}\\&=\frac{负债合计}{总资产}\div\frac{股东权益}{总资产}\\&=\frac{资产负债率}{股东权益比率}\end{aligned}$$

A公司2014年年末的资产负债率为59.5%，股东权益比率为40.5%，计算产权比率如下：

$$产权比率=\frac{59.5}{40.5}\times100\%\approx147\%$$

以上介绍了这么多的指标，对于银行的信贷人员，考察企业的长期偿付能力，主要看本节的资产负债率、第六章“盈利能力分析”中的营业净利率、净资产净利率，第七章第二节“发展速度分析”中的营业收入增长率、净利润增长率和第八章第四节“现金流量比率分析”中的营业现金比率、盈利现金比率。负债少、利润多、发展快、经营现金流入多的企业可以放款，虽然财务报表数据只反映上一个会计期间的财务情况。但我国这方面的法制建设有待加强，因为许多企业做假账、出具虚假审计报告，使得信贷人员所受的财务学训练无用武之地，所以，信贷人员更应看重有无可靠的抵押、担保。

第四节 影响偿付能力的因素

从整体来看，企业的偿付能力与营运能力、盈利能力密切相关。企业经营的一项风险是销售及收款的风险，马克思把从库存商品到商品销售称之为“惊险的一跳”，那么款项中包含一定销售利润的现金收款便是这“惊险的一跳”的重要意义。如果企业拓展有一定盈利能力的产品与服务的销售规模，保证品质，及时收款，快速滚动，那么企业日常的现金收款就越来越多，长短期偿付能力自然不成问题。

一、影响短期偿付能力的因素

短期偿付能力分析以流动资产和流动负债的相互依存关系为基础，很少或不涉及长期资产，除非流动资产不足以偿付流动负债，此时需观察资产表上非流动资产的可供出售金融资产、投资性房地产栏目。可供出售金融资产主要是指企业初始确认时即被指定为可供出售的非衍生金融资产，例如企业购入的在活跃市场上有报价的股票、债券和基金等。投资性房地产是指为赚取租金或资本增值，或两者兼有而持有的房地产。如果企业持有不少这些股票、债券、基金和房地产，可在市场上出售，则另当别论。同时这也说明企业资产结构不合理或债务负担过重，以至于涉及长期资产作为流动负债的物质保证。

短期偿付能力分析很少或不涉及企业盈利能力对其影响的分析，之所以这样，是因为首要的是流动资产在短期内可以生成现金用于偿还流动负债，而企业创造盈利的数量多一点少一点与短期偿付能力并非首要关系。例如在产品销售过程中，如采取赊销，可能价格高一点，但不能立即收现；而现销时，可能给客户打了现金折扣，价格低一点，但能立即收现。

短期偿付能力分析应关注的是即时偿付能力，不强调盈利能力分析，而强调一定时期流动资产变现能力的分析。由于财务核算中收入和成本费用的确认是以权责发生制原则为基础的，所以财务报表上的盈利并不表示实际的现金流入。有时尽管财务报表上的利润数字很高，但企业也可能由于缺乏足够的现金而无力支付短期债务，陷入财务危机；也可能尽管企业在某一会计期间内发生亏损，但手头仍有足够的现金用于偿还短期债务。

因此，企业偿还短期债务的压力是日常财务管理中经常面临的财务风险，避免这种风险必须依靠及时组织现款进行偿付，这与一定时期的盈利能力关系不大，却与资产的变现能力和再借款能力直接相关。

二、影响长期偿付能力的一般因素

长期偿付能力分析，是为了确定企业还本付息的能力，它不仅仅取决于可用于还本付息的现金流入量，最终与盈利能力相关。长期偿付能力取决于以下几个方面：

（一）长期偿付能力取决于经营流转的顺畅程度

企业经营流转的顺畅程度是由各时点的存量流动资产的流动性或变现能力所决定的，经营流转畅通无阻，周转速度快，资产价值变现快，清偿债务就有保证。也就是说，现金流入、流出畅通，资金周转流畅，盈利机会增多，企业长期融通的资金带来的收益也多，还本付息就有了保证。因此，要使长期偿付能力有保证，流动资产必须周转顺利。

（二）长期偿付能力以主权性融资的多少为保证

企业必须保持合理的资本结构，才能确保长期债务的安全。如果说企业的经营流转从根本上决定了长期债务能否及时清偿，那么，一旦企业经营流转出现阻碍，长期债务就难以确保偿还，长期债务的债权人就面临很大的风险。为此，企业必须保有一定的自有资本比例，以确保长期债务在遇到经营风险时仍能偿还。否则，企业在债务比重很大时，长期债务的偿还就没有保证，就会将大部分经营风险转移到债权人身上，这时，企业筹资也将遇到很大困难。

（三）长期偿付能力涉及长期资产作为物质保证

企业的负债首先是以流动资产作为偿还的物质保证，剩下的就是长期资产。

当负债合计超出流动资产，长期资产也成为债务偿还的物质保证，尤其是在企业破产清算时，整个资产的清理变现价值就决定了债权人债务的偿还数额。

（四）长期偿付能力与企业的盈利能力有着密切的关系

这主要是由于现金流量的变动，最终取决于企业获得的收入和支付的费用的差额以及两者之间的比例关系。企业盈利能力的强弱决定创造现金收入的能力，影响现金净流量的大小，盈利能力强、现金流入量大，现金的流出就有保证。一个长期亏损的企业，偿还长期债务有困难；而一个长期盈利的企业，现金流量不断增加，偿还长期债务就没有问题。

三、影响偿付能力的其他因素

本章讲述的财务比率是分析偿付能力的指标，可以比较最近三年的这些比率来判断偿付能力的变化趋势，也可以比较某一企业与同行业其他企业的这些比率，来判断该企业的偿付能力的强弱。但是，在分析偿付能力时，除了使用这些指标以外，还应考虑到以下因素对偿付能力的影响，这些因素既可以影响企业的短期偿付能力，也可以影响企业的长期偿付能力。

（一）商业信用

企业商业信用良好，在出现偿付困难时，比较容易与债权人协商延期付款，或取得较宽松的银行贷款。

（二）可动用的银行贷款指标

可动用的银行贷款指标是指银行已经批准而企业尚未办理贷款手续的授信额度。这种贷款指标可以随时使用，增加企业的现金，提高企业的支付能力。

（三）发行股票、债券或出售资产

企业能否很快地通过发行股票或债券以获取资金，满足偿付需要。企业是否有准备很快出售变现的长期资产，例如企业将长期持有的股票出售、将不需用的固定资产出售等。

（四）合资经营

企业参与合资时，通常会产生承诺事项。承诺事项是指企业由具有法律效力的合同或协议的要求而引起义务的事项。例如与合资企业的银行贷款提供担保有关的承诺、信用证承诺、售后回购协议下的承诺，或者与合资企业签订长期的原材料购货合同等，这类承诺事项可能使企业存在一些潜在负债。

（五）或有事项

或有资产，例如权利遭他人侵犯时，诉讼判决可能得到的赔偿等。或有负债，包括已贴现商业承兑汇票、未决诉讼、未决仲裁、对外提供担保等形成的或有负债，例如销售的产品可能会发生的质量事故赔偿、尚未解决的税额争议可能出现的不利后果、诉讼案件和经济纠纷可能败诉并需赔偿的金额等。这些或有事项尤其是金额巨大的事项，一旦成为现实，会对企业的财务状况产生重大影响。

（六）担保责任

企业有可能以自己的资产为其他企业提供担保，例如为他人向金融机构借款提供担保、为他人购物担保或为他人履行有关经济责任提供担保等，这种担保责任在被担保人没有履行合同时，就有可能成为企业的负债。

（七）已证实资产发生减值

在资产表日至财务报告批准报出日之间，获取了证明某项资产已经发生了损失或永久性减值的信息。例如某客户宣告破产，只能偿还部分货款；又如对某公司持有一项长期股权投资，而该公司破产清算，只能收回部分投资；等等。

（八）销售退回

企业因各种原因发生的大额销售退回，将导致应收款项和现金流量的减少。

以上各因素中数额不大的，则不予考虑。

本章小结

1. 如果借款的利率低于企业的息税前利润率，企业通过举债经营可得到更多的投资报酬。如果借款的利率超过企业息税前利润率，就会使股东的利益受到削弱。

2. 短期偿付能力是指企业在一定期间（一年或一个营业周期）内以流动资产偿还流动负债的能力。反映短期偿付能力的指标主要有：流动比率、速动比率。

3. 长期偿付能力是指企业偿还长期负债的能力，衡量企业长期偿付能力的指标主要有：资产负债率、有形资产负债率。

4. 企业拓展有一定盈利能力的产品与服务的销售规模且保证品质，并及时收款，快速滚动，那么，偿付能力不成问题。

复习题

1. 在 Excel 表中使用不同的利率和利润率，编制利率与利润率关系表。
2. 简述短期偿付能力的主要比率。
3. 简述长期偿付能力的主要比率。
4. 简述影响长期偿付能力的因素。

第五章

营运能力分析

营运能力指的是企业对所拥有的各项资产的经营管理能力，也就是将各项经营性资产转化为营业收入和现金的能力。

营运能力是通过企业经营资金周转速度的有关指标反映出来的资金利用的效率，它表明管理人员运用资金的能力。企业经营资金周转的速度越快，表明资金利用的效率越高，管理人员的经营能力越强。

第一节　营运能力分析的意义

营运能力反映企业的经营状况及其潜力，营运能力分析是对经营状况及其潜力的分析，是对资产管理效率高低、存量是否合理的分析。营运能力直接影响盈利能力，营运能力分析有助于了解企业的实力及其对市场变化的适应能力，有助于管理层做出正确的经营决策。

资产是企业拥有和控制的能以货币计量的经济资源，企业进行经营活动，必须拥有一定种类、数量的资产，并使资产处于营运状态。资产是企业从事经营活动的物质基础，资产处于良好的营运状态，是企业维持不断再生产的前提条件。

企业经营过程就是对资产的不断运用过程，而经营状况既受财务管理活动的制约，又影响财务管理活动。经营规模的大小受企业能为经营活动提供多少资金的制约，所提供的资金规模又受企业经营效益的影响。企业能合理配置和运用存量资产，生产出高质量、适销对路的产品，是实现高收入、高利润的基础。企业可供分配利润提高，资本积累增加，可用于生产、发展的资金就充裕，就会处于良好的循环状态。

资产的规模、配置和运用状况与企业的经济效益密切相关，自然引起利益关联各方的关注。当然，不同的利益关联方，其关注的侧重点是不同的。

债权人通过对资产存量规模变动、周转速度和利用效率变化的分析，判断企业经营的稳定性、债权的物质保证程度或安全性，预测企业未来对债权人资金的依赖程度及偿付的能力。

股东通过对资产营运状况和效率的分析，判断企业财务的安全性、资本保全程度及资产的收益能力，考核管理层的工作业绩，预测企业未来的发展前景，决定是否追加投资以扩大资产规模。

企业管理层努力使资产保持良好的营运状况，实现资本保值和增值，但资产营运状况受许多因素的影响和制约，管理层必须借助于资产营运状况的分析，及时了解营运过程中出现的问题，采取措施改善营运状况，不断朝好的方向转化。

管理层对资产营运状况分析的意义在于：

1. 通过对营运状况的分析，评价现有的资产存量规模对生产经营的适应性，现有资产存量的流动性，以便于规划下一期的资产增量。

2. 通过对营运状况的分析，评价各项存量资产的质量及对收益的影响，分析资产配置的合理性，为结合本企业的具体情况，选择最佳资产组合提供依据。

3. 通过对营运状况的分析，评价资产的利用效率，挖掘资产的利用潜力，以较少的资产占用获取较大的经济效益。

通常人们更关注的是利润率指标，而忽视资产周转率指标。很多成功的企业是薄利快销的企业，薄利的快速积累带来可观的利润。当然，厚利快销最理想，但很少企业能做到，例如这些年来的苹果公司。而名牌奢侈品行业只能定高价，厚利适销。企业经营应视速度为优先，采购、生产、销售、收款等各项管理措施应围绕着加快速度下大功夫，例如有的大型工厂会要求自己选择的一些供应商在附近设厂，以快速供应，在所需材料零库存节省了占用资金成本的同时也降低了运输费用。应将资产周转率指标与利润率指标等量齐观，时间就是金钱，速度就是利润。

对资产周转率指标的忽视会造成损失，这种损失是机会成本。在一定毛利率水平上营运速度的加快带来净利润的累加，生产周期长的产业也要着力加快营运速度。例如两家公司销售同一种商品，甲公司毛利率为20%，一年周转2次，乙公司毛利率为15%，一年周转3次，假设每周转1次的销售额都是100万元，那么乙公司的毛利率低于甲公司，但速度快于甲公司，该种商品年获毛利45万元，多于甲公司的40万元。这里不是在降低毛利率的重要性，而是在强调速度的重要性。

速度就是金钱。例如一座仓库，产品出入库的速度加快，单位产品仓储成本随之降低；同理，库存呆滞货物的仓储成本高。速度是金的含义，是一种规模效应，速度加快带动规模加大，由此降低了单位成本，增加了利润总额。

速度就是金钱，小米公司对此有很好的诠释。从代工厂生产出来，快递到网店客户，销售、收款速度很快，省去了许多环节的时间和费用。

第二节　流动资产营运能力分析

企业的流动资金在经营过程中，从货币资金开始，经过存货、应收账款，又回到货币资金，周而复始地不断循环和周转。因此，对流动资产的使用、周转情况进行分析具有重要的意义。在流动资金中，应收账款和存货周转速度的快慢，对整个流动资金的周转及使用效果起着重要的作用。

反映流动资产周转情况的指标主要有应收账款周转率、存货周转率和流动资产周转率。应注意的是，本章开始使用平均数，在上一章讲偿付能力分析时，使用的是期末数，反映期末那个时点的偿付能力，不使用平均数。本章讲营运能力分析和下一章讲盈利能力分析时，需要使用平均数，反映一个时期的水平。

一、应收账款周转率

应收账款反映企业因销售商品、提供劳务而应向购买单位收取的款项，以及代垫运杂费和承兑到期而未能收到款的商业承兑汇票。

应收账款周转率（Receivable Turnover）是反映企业赊销账款收现速度的指标，也是反映企业经营管理水平的一个重要指标，可通过以下两个指标的计算来表示。

（一）应收账款周转次数

它是以赊销收入净额与平均应收账款余额相比较，计算公式如下：

$$\text{应收账款周转次数} = \frac{\text{赊销额}}{\text{平均应收账款余额}}$$

$$\text{赊销额} = \text{营业收入} - \text{现销收入}$$

式中，赊销额在内部分析时使用，外部分析时，因不能明确赊销与现销数额，只能采用营业收入，因企业不同而异，当两者相差很大时，外部分析计算得出的结果出入很大。通常，多数企业的多数营业收入是赊销，经历发货、应收款、收款的过程后，可以采用营业收入。

式中，分母“平均应收账款余额”使用的是平均数，是因为分子数据来自一个时期，使用平均数可使分子、分母在时间上保持一致。常见的最简化的计算公式如下：

$$\text{平均应收账款余额} = \frac{\text{期初应收账款余额} + \text{期末应收账款余额}}{2}$$

但以上计算方法是有缺陷的，即使销售较为平稳的企业，也很少有各月较为平均的，有些企业季节性生产、淡旺季分明或各月销售大起大落，还有些企业大量使用分期收款方式结算。最全面、最准确的是使用下面的计算公式计算：

$$\text{平均应收账款余额} = \frac{\sum \text{全年各月末应收账款余额}}{12}$$

式中，平均应收账款余额，内部分析时，理论上应使用计提坏账准备前的数额，下文中平均存货余额的计算，也是应使用计提存货跌价准备前的数额。外部分析时，上市公司财报中只列出一栏净额，附注中列出坏账准备等。实际工作中，坏账准备等数值不大，上市公司财报的附注常常语焉不详，所以，只使用报表上的数额即可。

对于主板上市公司，会公布季报数据，外部分析应将年初余额、每季度末余额相加除以 5 算出平均余额，计算公式如下：

$$平均应收账款余额=\frac{\sum 年初,各季末应收账款余额}{5}$$

对于创业板上市公司，会公布半年报数据，外部分析应将年初余额、半年末余额、年末余额相加除以 3 算出平均余额，计算公式如下：

$$平均应收账款余额=\frac{\sum 年初,半年末,年末应收账款余额}{3}$$

对于主要使用现金结算的企业，计算该指标无意义，有的企业产品供不应求，主要使用预收款的方式结算，没有什么应收账款，没有必要计算这一指标。

在一定时期内应收账款周转的次数越多，表明应收账款变现速度越快，管理工作的效率越高。这不仅有利于企业及时收回货款，降低资金被延期占用的成本，减少收账费用和避免发生坏账损失，而且有利于提高资产的流动性，提高企业偿还短期债务的能力。

根据表 3－4 的数据，计算 A 公司 2014 年度的平均应收账款余额如下：

$$\begin{aligned}平均应收账款余额&=\frac{572791+1323958+1335511+1488772+1130487}{5}\\&\approx 1170304（万元）\end{aligned}$$

对于表 3－4，由于本书页面大小有限，读者可在 Excel 表格的右边加一列合计数，再加一列平均数，使用 Excel 表的公式计算得出。

根据表 3－2 的数据，计算 A 公司 2014 年度的应收账款周转次数如下：

$$应收账款周转次数=\frac{5077630}{1170304}\approx 4.3（次）$$

计算结果显示，应收账款将近一个季度周转一次。正如第三章第二节“财务报表横向趋势分析”中说过的，这对于所处工程机械行业的 A 公司来说不算慢。

企业因赊销引起的应收账款管理，是经营管理的一项重点。例如一旦拖欠大额账款的客户破产倒闭，必然引起连锁反应，导致企业资金周转不灵。赊销对象、收款管理如果出大差错或不及时，会造成企业现金流量青黄不接，陷入险境。所以管理层对应收账款管理应高度重视，要求做好客户的征信调查，充分了解客户的信誉和实力，防止业务人员为了多拉客户、提高销售业绩，而在对客户资信状况缺乏调查了解的情况下就签订赊销合同、发货。信用不良的客户是企业的陷阱。

（二）应收账款周转天数

赊销账款收现情况还可以用天数来表示，也称平均收账期，计算公式如下：

$$\textbf{应收账款周转天数} = \text{平均应收账款余额} \div \frac{\text{赊销额}}{360}$$

$$= \frac{360}{\text{应收账款周转次数}}$$

式中，360 代表一年的营业天数。这一指标表示自产品销售出去开始，至应收账款收回为止所需经历的天数。周转天数越少，说明应收账款变现的速度越快，企业资金被客户单位占用的时间越短，管理工作的效率越高。

A 公司 2014 年度的平均收账期计算如下：

$$\text{应收账款周转天数} = \frac{360}{4.339} \approx 83\text{（天）}$$

应收账款的回收天数因行业而异，与所售产品的种类、商业往来的惯例以及竞争环境等因素有关。一般企业在赊销条件中都明确规定账款的付款期限。西方国家通常的标准政策是 15 天，但我国的实际状况是在一个月或几个月内。

有些企业应收账款的收账期高于同行业，这种宽松的信用期限未必有助于扩大营业收入和利润的增长，同时，面临的风险也更大。

举例而言，某公司与甲客户做一笔 100 万元的生意，毛利率为 15%，收账期为两个月，即两个月后货款收回，毛利 15 万元；该公司与乙客户也是做 100 万元的生意，毛利率为 15%，收账期为一个月，假设两个月连续做了相同金额的两笔生意，毛利 30 万元。假设将所获毛利投入到与乙客户的生意中，即第 2 笔生意的金额是 115 万元，那么最终从乙客户获得毛利 32.25 万元，这是复利终值，是企业盈利在高速周转中产生滚雪球效应。这也说明了许多看似不起眼、为人所忽视的生意，也能发展成为大型企业的原因。

这一例子说明，企业经营应着手于缩短收账期，可以给予销售折扣（包括现金折扣、商业折扣）等，走快销快收的路线，牢记“利滚利”的经商理念，促进企业高速增长，同时，企业也有更高的安全性。应收账款占用数额过大，会使存货及其他资产所占用的资金减少，使企业失去获得收益的机会，由此造成资本成本和机会成本，坏账损失和收账费用也会相应增加。

平均收账期作为应收账款账龄分析，是流动资产周转情况分析的重要组成部分。企业在采用赊销策略时，往往规定放出账款的期限，以及催收账款的方针，这就成了对这一比率进行评价的标准。如果实际收回账款所需天数超过企业规定的账款偿还期限，说明客户信用不好，有可能发生坏账损失，同时也说明销售部门催收账款不力，或是业务人员的延误，企业因此有过多的流动资金呆滞在应收账款上，影响流动资产的流动程度。

二、存货周转率

存货是指企业在日常生产经营过程中持有以备出售的产成品或商品，或者为了出售仍然处在生产过程中的在产品，或者将在生产过程或提供劳务过程中耗用的材料、物料等。包括库存商品、产成品、在产品及自制半成品、原材料、辅助材料、委托加工材料、周转材料等。存货是企业除固定资产以外，在日常生产经营过程中的物资，不包括非生产用资产，如在建工程使用的物资等。

存货是企业除固定资产以外，在日常生产经营过程中的物资，是大部分企业的一项重要的资产，企业的存货状况通常被视为其经营状况是否良好的“晴雨表”。

存货周转率（Inventory Turnover）是衡量企业销售能力和存货管理效率的重要依据，可通过以下两个指标的计算来表示。

（一）存货周转次数

它是以企业年营业成本与平均存货余额相比较，计算公式如下：

$$\text{存货周转次数} = \frac{\text{营业成本}}{\text{平均存货余额}}$$

式中，平均存货余额的计算方法类似于平均应收账款余额的计算方法。

根据表3－4、表3－2，计算A公司2014年的存货周转次数如下：

$$\text{平均存货余额} = \frac{568727 + 726653 + 780284 + 912028 + 813441}{5}$$

$$\approx 760227\text{（万元）}$$

$$\text{存货周转次数} = \frac{3225223}{760227} \approx 4.2\text{（次）}$$

计算结果表明，存货将近一个季度周转一次。正如第三章第二节“财务报表横向趋势分析”中说过的，这对于所处工程机械行业的 A 公司来说，其存货管理处于优良的范围之内。

（二）存货周转天数

存货的周转情况还可以用天数来表示，计算公式如下：

$$\textbf{存货周转天数} = \text{平均存货余额} \div \frac{\text{营业成本}}{360}$$

$$= \frac{360}{\text{存货周转次数}}$$

A 公司 2014 年度的存货周转天数计算如下：

$$\text{存货周转天数} = \frac{360}{4.242} \approx 85\text{（天）}$$

计算结果表明，公司存货自入库之日起到发售之日止平均为 85 天，这一过程包含了从材料入库、投料生产、产品完工到销售发出。存货周转次数越高，周转天数也就相应越少。

存货是流动资产的重要组成部分，其质量和流动性对企业的流动性状况具有举足轻重的影响，并进而影响企业的短期偿付能力。

存货周转率是用来衡量企业销售能力大小和存货是否适量的指标。在通常情况下，存货周转速度越快，如果是盈利企业，则其利润就会越多。由此可见，存货周转率的分析不仅与营运能力有重要关系，也与企业的盈利能力有直接的关系。

例如，在毛利率不变的情况下，假设某公司存货是 100 万元，每周转 1 次可获得毛利 10 万元，如一年周转 3 次，可获毛利 30 万元；如一年周转 4 次，则可获毛利 40 万元。

存货周转速度快，说明销售效率高，这会提高企业的经济效益；反之，存货周转率低则是经营管理不善的一种迹象。存货周转率减慢的原因，可能是存货积压，市场需求减少，冷背风险增加；可能是质量有问题，次品增多；可能是生产过程延长，成套性差；也可能是商品价格偏高；等等。要进一步分析其原因，也可能是企业因某种原因增大某些品种库存的结果。

存货周转率的高低还要看具体的行业和企业，低库存、高周转率，对绝大多数行业和企业是好事，对极少数行业和企业则不然。我国房地产业的囤地现象，地产商拖延开发，坐收价格飙升之利。又如有些日益稀缺的矿产资源，如福州的田黄石、内蒙古的鸡血石，如果二三十年前囤积至今，则获利千百倍，业内加工企业多年来的生产销售，显得白忙活，这是特例。

三、营业周期

营业周期（Operating Cycle）是指企业从取得存货承担付款义务开始到销售存货并收回货币资金为止的时间，计算公式如下：

营业周期=应收账款周转天数+存货周转天数

A公司2014年度的营业周期计算如下：

营业周期=83+85=168（天）

不同的行业，营业周期大不相同，该指标只能在同行业中比较。企业的营业周期短，说明应收账款和存货周转速度快；营业周期长，说明应收账款和存货周转速度慢。较短的营业周期表明对供、产、销的有效管理，企业要做市场的快速反应者，速度影响效益。

应注意的是，不同企业采用不同的坏账准备计提方法和提取比例，这一差异影响应收账款周转天数的计算，从而影响到营业周期的计算。不同企业采用不同的存货计价方法导致不同的期末存货价值，会缩短或延长存货周转天数，从而影响到营业周期的计算。外部报表使用者用营业收入净额而不是赊销净额来计算应收账款的周转天数，可能会缩短应收账款的周转天数，从而缩短营业周期。

四、流动资产周转率

流动资产周转率（Current Assets Turnover）是反映企业流动资产周转速度的指标，可通过以下两个指标的计算来表示。

（一）流动资产周转次数

它是将企业年营业收入与平均流动资产余额相比较后得出的，计算公式如下：

$$\text{流动资产周转次数}=\frac{\text{营业收入}}{\text{平均流动资产余额}}$$

式中，平均流动资产余额的计算方法类似于平均应收账款余额的计算方法。

流动资产周转次数不仅反映了企业在经营过程中投入的流动资产的周转速度，也反映了企业在经营过程中创造效益的情况。在流动资金占用额不变的情况下，流动资产周转加速可以使资金运用的机会增多，从而扩大了生产销售规模，使营业收入增加，相当于增加了资产投入，增强了企业盈利能力。

根据表3-4、表3-2，计算A公司2014年度的流动资产周转次数如下：

$$\text{平均流动资产余额}=\frac{2054802+3328274+3580627+3883416+3378378}{5}$$

$$=3245099\text{（万元）}$$

$$\text{流动资产周转次数}=\frac{5077630}{3245099}\approx 1.6\text{（次）}$$

在一定时期内，流动资产周转次数越多，表明以相同的流动资产完成的周转额越多，流动资产利用的效果越好。

（二）流动资产周转天数

流动资产的周转情况还可以用天数来表示，计算公式如下：

$$\textbf{流动资产周转天数}=\text{平均流动资产余额}\div\frac{\text{营业收入}}{360}$$

$$=\frac{360}{\text{流动资产周转次数}}$$

A公司2014年度的流动资产周转天数计算如下：

$$\text{流动资产周转天数}=\frac{360}{1.565}\approx 230\text{（天）}$$

计算结果表明，A公司的流动资产将近8个月周转一次。

周转一次所需天数越少，表明流动资产在经历生产和销售各阶段占用的时间越短，周转越快。按天数表示的流动资产周转率更简捷地反映了企业经营状况的变化，更便于比较不同时期的流动资产的周转情况。

第三节 长期资产营运能力分析

长期资产，即非流动资产。讲长期资产不免引出通常说的轻资产、重资产，对此人们只是泛泛而谈，在此我们予以明确定义。

一、资产的轻重

流动资产占总资产比重大的行业，称为轻资产行业；长期资产占总资产比重大的行业，称为重资产行业。需要进一步说明的是，这里的长期资产主要指固定资产和无形资产中的土地使用权占比大的，称为重资产；有的长期资产里面无形资产的专利权、非专利技术等占比很大，则是轻资产。

那么，某公司是钢材经销商，钢材堆积如山，不是很重吗？这是存货，等待出售变现，属于流动资产。

通常，重工业拥有大型而昂贵的机器设备，属于重资产行业；轻工业的机器设备较小型、低价，属于轻资产行业。这只是一般而言，有的重工业企业资产较轻，有的轻工业企业拥有高精尖的先进装备，资产较重，要看具体企业的资产构成。

本书例题中的 A 公司属于工程机械行业，笼统地看应该是属于重资产行业、企业，其实不然，我们看第三章第三节“财务报表纵向结构分析”中的表 3－7，三个年度非流动资产占总资产的比重约为 34%，其中固定资产占总资产的比重约为 20%，远非重资产。

我国工程机械行业涉及高技术、高附加值的关键配套部件主要依靠进口，包括液压、传动、控制系统和发动机等。例如高吨位挖掘机所用的液压件控制在日本川崎公司手中，进口价格昂贵。

A 公司有大量的核心零部件需要进口，企业更像是一个大型组装厂，本应较重的却较轻，需要提升技术水平来变重，如果能够自产核心零部件，那么整机成本将会大幅下降，盈利能力将大幅提升。引进和培养高级技术人才，加大研发力度，或收购国外先进企业、先进技术，是该公司的必经之路。

对重资产行业的企业来说，长期资产占总资产的比重大，直接构成企业的生产能力，它的利用情况直接影响生产效率、产品质量和成本水平，因此分析长期资产的利用情况是十分必要的。例如某企业拥有大量的长期资产，这些长期资产的利用效果如何，要对效率很差的资产尽早处理、出售，以获取现金或进行升级换代。又如某工厂花费 100 万元购置了一台大型机器，一年后因某种原因，已确定不需再使用，此时应尽早在二手设备市场出售，假设换回 50 万元现金，投入公司营利性的周转，就有机会增值变回 100 万元。

二、长期资产的特殊事项

长期资产的账面价值与市场价值常有较大出入，有的长期资产由于技术上过时而丧失了价值；有的由于物价变化而现行市价远高于原来的购买价，土地尤其如此，能比原始购买成本高出十倍、百倍。在我国实行土地公有制，企业只有使用权，记入无形资产。

财务会计的一些项目建立在估计的基础上，例如企业新近购置一套昂贵的大型设备，按平均年限法计提折旧，会计人员既可按税法规定的最低年限 10 年，也可按估计可使用15年，还可按估计可使用20年。那么就有较大的出入，计算出来的生产成本的准确性存在问题，如果该设备月产量有限，单位产品成本中折旧费用占的比重较高，则更是如此。如果该设备月产量很大，单位产品成本中折旧费用占的比重较低，则比较可以接受。所以世界上没有绝对准确的会计核算，会计人员有一定的操纵空间。非上市公司可按税法规定的最低年限计提折旧，从而在例如最近10年内增加年度折旧费用以降低企业所得税，上市公司可按较长年限计提折旧，从而在例如最近20年内减少年度折旧费用使财务报表更好看。

例如原值10亿元的机器设备，按税法规定的最低折旧年限10年，每年计提折旧1亿元；按估计可使用20年，每年计提折旧5000万元。每年相差5000万元的“利润”，这里是简化来举个例子，忽略预计净残值、减值准备以及大修理、清理等的影响。

三、长期资产周转率

长期资产周转率（Long Term Assets Turnover）是反映企业长期资产周转情况，从而衡量长期资产利用效率的指标，可通过以下两个指标的计算来表示。

（一）长期资产周转次数

它是以年营业收入与平均长期资产余额相比较，计算公式如下：

$$\textbf{长期资产周转次数} = \frac{\text{营业收入}}{\text{平均非流动资产余额}}$$

式中，平均非流动资产余额的计算方法类似于平均应收账款余额的计算方法。

根据表3-4、表3-2，计算A公司2014年度的长期资产周转次数如下：

$$\text{平均长期资产余额} = \frac{1090401 + 1241396 + 1394529 + 1556996 + 1752294}{5}$$

$$\approx 1407123\text{（万元）}$$

$$\text{长期资产周转次数} = \frac{5077630}{1407123} \approx 3.6\text{（次）}$$

计算结果表明，A公司这一比率较高，长期资产周转较快，这跟公司的资产结构有关。该比率只能在同一行业中比较，不同行业的企业资产结构不同，不可比。这一比率高，表明企业长期资产使用效率高，能够利用一定的长期资产提供较多的生产成果。

一般来讲，重资产行业的企业长期资产周转次数较少，在经营活动的周期波动中显得比较脆弱，因为长期资产的成本相对固定，当业内企业的营业收入缩减时，就凸显出企业面临着重大的成本补偿。相反，轻资产行业的企业长期资产周转次数较多，业内企业可以随着营业收入的下降而不断削减相关费用，在缩减过程中困难相对比较小。

（二）长期资产周转天数

长期资产的周转情况还可以用天数来表示，计算公式如下：

$$\textbf{长期资产周转天数} = \text{平均长期资产余额} \div \frac{\text{营业收入}}{360}$$

$$= \frac{360}{\text{长期资产周转次数}}$$

A 公司 2014 年度的长期资产周转天数计算如下：

$$\text{长期资产周转天数} = \frac{360}{3.608} \approx 100\ \text{（天）}$$

计算结果表明，A 公司长期资产 3 个多月周转一次。

以下两个比率可用于长期资产较多的大中型企业的内部分析。

四、长期资产使用率

它是以在用长期资产余额与全部长期资产余额相比较，计算公式如下：

$$\text{长期资产使用率} = \frac{\text{期末在用非流动资产余额}}{\text{期末全部非流动资产余额}} \times 100\%$$

这一比率越高，说明企业长期资产的使用效率越高，没有大量停用、不需用的闲置资产。

五、长期资产增长率

它是以本期增加的长期资产与平均长期资产余额相比较，反映长期资产更新的规模和速度，计算公式如下：

$$\text{长期资产增长率} = \frac{\text{期末非流动资产余额} - \text{期初非流动资产余额}}{\text{平均非流动资产余额}} \times 100\%$$

在一个年度内长期资产有新增的、新购置的和其他方式新增的，也有报废与损失的。注意分子是期末数减期初数的差额，而不是新增长期资产，不需要将账簿中新增长期资产加以汇总。

我们来看表3－1，如果在固定资产栏目前面有可供出售金融资产、持有至到期投资、长期股权投资、投资性房地产，这几个栏目金额较大或占总资产比重较大的，在进行长期资产营运能力分析和总资产营运能力分析时应予以剔除，因为这几个投资性的栏目与本企业的资产形成营业收入方面没有直接关系。在表3－7中，固定资产前面有长期股权投资，三个年度占总资产的比重约为1%，比重很小，不予剔除。

第四节 总资产营运能力分析

本节讲述总资产周转率、资产的轻重，以及劳动生产率。

一、总资产周转率

总资产周转率（Total Assets Turnover）反映企业全部资产的周转情况，表明企业运用其全部经济资源一年能带来多大的营业收入，可通过以下两个指标的计算来说明。

（一）总资产周转次数

它是以年营业收入与平均资产总额相比较，表明企业全部资产形成营业收入的能力，可评价营业能力的强弱和资产的利用效率，比值越大越好。

该指标计算公式如下：

$$\text{总资产周转次数} = \frac{\text{营业收入}}{\text{平均资产总额}}$$

式中，平均资产总额的计算方法类似于平均应收账款余额的计算方法。

根据会计恒等式，资产＝负债＋股东权益，即总资产是企业的负债和股东权益所代表的全部经济资源的投资对象。这一比率越高，表明投资效益越好；这一比率较低，则说明总资产的利用效率较低，会影响盈利能力。

从公式中可以看出，要提高总资产周转次数，要么分子营业收入加大，要么分母总资产减小，要用一定的总资产创造更多有利可图的营业收入。

根据表3－4、表3－2，计算A公司2014年度的总资产周转次数如下：

$$\text{平均资产总额} = \frac{3145204 + 4569671 + 4975156 + 5440412 + 5130672}{5}$$

$$\approx 4652223\text{（万元）}$$

$$总资产周转次数 = \frac{5077630}{4652223} \approx 1.1（次）$$

计算结果表明，A 公司每 1 元的资产可产生 1.1 元的营业额。企业购置资产是为了带来营业收入，资产的价值以此来体现。

计算这一指标要看总资产的构成，如上一节最后一段话所言。例如有的企业购买了许多房产以求升值，这与企业的营业收入没有直接关系，如果这样的资产占总资产的比重超过 5%，计算时可将之剔除。

（二）总资产周转天数

总资产的周转情况还可以用天数来表示，计算公式如下：

$$\textbf{总资产周转天数} = 平均资产总额 \div \frac{营业收入}{360}$$

$$= \frac{360}{总资产周转次数}$$

A 公司 2014 年度的总资产周转天数计算如下：

$$总资产周转天数 = \frac{360}{1.091} \approx 330（天）$$

计算结果表明，A 公司的总资产大约 11 个月周转一次。

二、再论资产的轻重

上一节中我们讲到轻资产和重资产的行业、企业。例如广告、动漫公司是典型的轻资产行业、企业。A 公司是重资产行业里的轻资产企业，说明技术实力有待提升。

是不是轻资产行业的总资产周转快，重资产行业的总资产周转慢呢？不一定。这取决于各行业的各企业能够利用其总资产形成多大的销售规模。做得好的企业周转快，做得不好的企业周转慢。举例来说，飞机制造厂属于重资产行业，产销两旺的话，总资产周转得也快；租用门面的连锁餐厅属于轻资产行业，生意冷清的话，总资产周转得也慢。同理，我们也不说轻资产企业的流动性强，重资产企业的流动性弱。

下面我们探讨制造、购买和租赁的关系，这关系到企业资产的轻重。

有个说法是“造不如买，买不如租”。这个说法正确与否，我们从财务分析的角度来考量。

先讲“买不如租”，长期、常年要用的东西租不如买，临时、很少用到的东西买不如租。有些东西是你维护不了，需要由外面的专业公司维护的，只能租。

例如华为公司最初是任正非带着几个技术人员的微型小厂，租用一处简陋的厂房，也没钱买，当然只能租。后来购建了大片的办公楼、厂房、住宅区等建筑物，租不如买，租不如造，还可用于抵押贷款。

又如某大公司购置豪华游艇，一年到头用不了几次，天天泊在码头折旧，撇开其他的方面，从财务分析上讲，买不如租。

再讲“造不如买”，低技术、低端的东西造不如买，高技术、高端的东西买不如造。

例如苹果公司将产品的组装等低端工序交由富士康等公司完成，这对苹果公司来讲，是造不如买。随着机器人越来越发展，其维护费用降低，将来许多工序苹果公司可在美国本土自己设置自动化工厂来完成。通过机器人、自动化的高技术生产，又变成买不如造。

苹果公司产品的许多核心零部件是日本生产的，例如日本的手机厂商，设计、平台、软件等不如苹果公司，广告、营销等不如三星公司，但日本厂商擅长制造，其高技术的零部件为其带来滚滚财源。这对苹果公司来讲，是自己造不了或造不好，只能用不菲的价格向日本购买。

我国的大飞机项目 C919，有巨大的、无期限的国内市场，当然是买不如造。回到 A 公司，许多核心零部件只好向日本高价购买，从长远来看，买不如造，A 公司需要投入更多人力财力搞研发攻关，在技术上慢慢积累，以期将来掌握核心技术。从事制造业，只有迈向高端，掌握核心技术，才有核心竞争力，才能提升品牌价值，才有定价权。

虽然 A 公司的年报披露说拥有多项先进技术，但它的资产结构却让人联想到成片大型厂房，一大群工人使用低端设备、工具搞组装，属于重资产行业，却是轻资产企业，抗风险能力弱，能有长期高盈利是市场环境好，一旦市场趋向饱和，竞争加剧，利润就会下滑。如果 A 公司能够掌握许多核心技术，那么高技术产品包括零部件，就需要高技术设备生产，因为大批高端的机器设备是昂贵的，资产就会加重，成为重资产行业里的重资产企业。同时，竞争力、抗风险能力就会加强。这是 A 公司要走的不二路径——技术攻关之路。投资人看这家公司，不要只看它往绩的高盈利，还要看它研发的投入、资产的轻重、技术进步的情况。

三、劳动生产率

企业最重要的资产不直接体现在资产表中，是表外资产，那就是人、企业的全体职工。用美国人的话讲，企业最值钱的资产晚上都回家睡觉去了。

企业的职工即劳动者，是财富的创造者。提高劳动生产率，是包括管理层在内的全体职工的职责。劳动生产率（Labour Productivity）是反映人均创营收的指标，计算公式如下：

$$\text{劳动生产率} = \frac{\text{营业收入}}{\text{平均职工人数}}$$

A 公司 2013 年年末在职员工为 42367 人，2014 年年末在职员工为 51827 人，中报不披露职工人数。计算 2014 年度平均职工人数如下：

$$\text{平均职工人数} = \frac{42367 + 51827}{2} = 47097\text{（人）}$$

根据表 3 - 2，计算 A 公司的劳动生产率如下：

$$\text{劳动生产率} = \frac{5077630}{47097} \approx 107.8\text{（万元/人）}$$

计算结果表明，A 公司人均创营收 107.8 万元。

这一指标表明了企业的人员效率，一个机构冗杂、人浮于事的企业，其人员效率是低下的，而低效率的企业将在市场竞争中被高效率的企业无情地淘汰。该指标如果要进行比较的话，只能在同行业企业中进行比较。

据《英才》2013 年报道，东方希望集团公司包头希铝总经理段雍告诉记者："同在包头的某家国有铝厂，43 万吨产能，约有 8000 名员工；而包头希铝的电解铝厂，88 万吨产能，只有 1700 名员工。目前包头希铝的工人平均工资比那家国有铝厂高出约 1/3。"东方希望集团公司董事长刘永行告诉记者："去年电解铝氧化铝全行业，6000 多亿元销售额，全部盈亏相抵后的利润加起来只有 9 亿元。2012 年东方希望在铝业板块的利润约为 10 亿元。"

在计划经济时代，劳动生产率是以生产单位的年总产值与职工人数相比较，产品由上级主管部门调拨，无须销售部门，劳动生产的任务是完成上级主管部门的指令。在市场经济时代，如果销售不畅，产值越大库存越多，亏损越严重，所以劳动生产率以营业收入来衡量。

第五节　其他营运能力分析指标

本节讲述研发比率、应付账款周转率和净资产周转率。

一、研发比率

研发，即研究与开发。在衡量企业经营能力的分析中，有一个指标对于高新技术企业特别受关注，那就是研发费用和营业收入的比率，称为研发比率（R&D Ratio），计算公式如下：

$$\text{研发比率}=\frac{\text{研发费用}}{\text{营业收入}}\times 100\%$$

A 公司 2014 年度研发支出合计数为 136393 万元，计算研发比率如下：

$$\text{研发比率}=\frac{136393}{5077630}\times 100\%\approx 2.7\%$$

计算结果表明，A 公司的研发投入占营业收入的 2.7%。

我国研发投入最多、效果最好的企业是华为公司。2001 年，联想公司杨元庆到华为参观，表示联想要加大研发投入，做高科技的联想。任正非对他说："开发可不是一件容易的事，你要做好投入几十个亿，几年不冒泡的准备。"华为 2013 年研发投入达 307 亿元，约占营业收入 2390 亿元人民币的 12.8%，这是华为连续十年研发比率高于 10%。2004—2013 年，华为累计研发投入达 1510 亿元。至 2013 年年末，华为累计获得国内、国际专利授权 36511 件。至 2013 年年末，华为研发人员约 7 万名，约占全球 15 万员工总数的 46.7%。人们有理由相信，这是一家在技术上前途无量的企业。

《企业会计准则第 6 号——无形资产》第七至第九条规定："企业内部研究开发项目的支出，应当区分研究阶段支出与开发阶段支出。研究阶段的支出，应当于发生时计入当期损益。开发阶段的支出，同时满足相关条件时，确认为无形资产。"在计算这一比率时，则要将本期研究阶段支出和开发阶段支出合并起来。

研发比率如此重要，关系到高新技术企业的前景。随着经济的发展，这一比率越来越重要。而报表附注没有要求合并反映企业当年的研发费用，说明会计准则有待改良。

这项比率对劳动密集型产业意义不大，对技术密集型产业意义重大，像富士康公司这样的企业既是劳动密集型企业，同时又大量生产、应用机器人进行自动化生产，这一比率对之有较大意义。高科技企业不断地推陈出新，产品更新换代频率高，要有新的技术成果推出，必须有大量的科研经费投入，科研投入多，产出新技术、新产品的可能性就大，这对企业的发展和股价升值十分重要。

需重点分析研发比率的行业和社会统计数据是衡量一国国力强弱的重要指标，缺乏科技创新能力，就只能出售自然资源或廉价劳动力，或从事高污染的低端制造环节。科技创新，决定一个国家的实力与品质。

经济合作与发展组织发表的报告显示，2014 年中国的研发总投入为 3110 亿美元，首次超过欧盟 28 个成员国的研发总投入（2920 亿美元）。经合组织的经济学家表示："按照曲线趋势分析，中国的研发经费在 2019 年左右有望超过美国。"

应注意的是，不要误以资产表的无形资产和开发支出栏目来大致估计企业的研发与技术。无形资产主要包括专利权、非专利技术、商标权、著作权、土地使用权、特许权等，开发支出反映企业开发无形资产过程中能够资本化形成无形资产成本的支出部分。无形资产通常多是外购的，多与技术无关，且在会计处理上逐年摊销；开发支出栏目反映的是期末未转化为无形资产的余额，只是一个期间内研发投入的一部分，所以财务报表上看不出企业研发与技术的信息，要了解的话，上市公司会在年报中披露，如果乏善可陈则语焉不详，反之则较细致陈述。

二、应付账款周转率

应付账款反映企业在经营过程中由于赊购商品、原材料或接受劳务等而发生的应付给供应单位的款项。

应付账款周转率是关于负债的营运比率，是将应收账款周转率简单地运用到应付账款上，反映企业应付账款的流动程度，可通过以下两个指标的计算来说明。

（一）应付账款周转次数

它是以赊购额与平均应付账款余额相比较，计算公式如下：

$$应付账款周转次数 = \frac{赊购额}{平均应付账款余额} \times 100\%$$

式中，平均应付账款余额的计算方法类似于平均应收账款余额的计算方法。

式中分子，企业外部不知道赊购额，有的使用营业成本。营业成本不同于赊购额，一是企业可能增加或减少存货，也就是购买与销售的频率不同；二是生产过程中在材料上加入了人工和制造费用等，使得营业成本比购买额要大得多，而实际的应付账款周转率要小得多。所以，该指标只应在内部分析中使用。

这一指标数值高，表明企业信用好。企业及时付款可获得销售折扣，通常可向供应商索取1%～2%左右的销售折扣，在信用期内企业占用供应商货款如同使用相同金额的无息贷款，1%约等于银行贷款年利率设为7.5%即月利率0.63%的1.6倍，如表5-1所示。

表5-1　销售折扣与银行贷款月利率倍数关系表

销售折扣	年利率	月利率	倍数
1%	7.5%	0.63%	1.6
2%	7.5%	0.63%	3.2
3%	7.5%	0.63%	4.8

可见，企业应选择销售折扣，而不应选择“无息贷款”。如果贷款利率高于表中数值或民营企业存在高于银行利率的民间借贷，此时更改表中利率数值，重新计算倍数。

企业销售出去的货款应尽快收回，可以给予客户销售折扣等，此时既是优惠又是加快周转。供应商的销售折扣应当获取，企业日常应保持充裕的现金，随时保证偿付能力。例如某供应商合同约定30天付款，10天内付款给予2%的销售折扣，20天内付款给予1%的销售折扣，30天内全额付款，企业应在第8~10天付款以获得2%的销售折扣。企业应注意向供应商获取这种基于及时付款的销售折扣，不放过每一笔大宗采购，一年积累下来，是一笔可观的数额。

合理的应付账款周转次数来自于同行业和企业历史正常水平的对比，如该指标低于行业平均水平，说明企业较同行更多地占用供应商的货款，显示其重要的市场地位，但同时也要承担较多的还款压力；如果该指标比以前出现快速的提高，说明企业占用供应商货款降低，可能反映上游供应商谈判实力增强，要求快速回款的情况，也可能反映原材料供应紧俏。

（二）应付账款周转天数

应付账款的周转情况还可以用天数来表示，也称平均付款期，用以衡量企业需要多长时间付清供应商的欠款，计算公式如下：

$$应付账款周转天数 = 平均应付账款余额 \div \frac{赊购额}{360} = \frac{360}{应付账款周转次数}$$

如果企业与供应商的合同约定中没有提及销售折扣，那么企业可在信用期的最后日期付款，以占用供应商的“无息贷款”。

京东、当当等网上商场，以及一些百货、家电的大型连锁零售商场，可以先收到顾客现金，然后再结算给供应商，“截留”大笔无息的“在途资金”，所以它们可以卖得比较便宜，吸引更多顾客。低毛利的大量积累最终获利不菲，因为做的是“无本生意”，像这样的企业不计算应收、应付账款周转率。

2014年由于入股上市公司美的电器，作为非上市公司的小米的财务状况，得以因美的公司发布的公告而披露了几个重要数据。读者可网上搜索、计算，小米有极高的资产负债率，如果它的负债中主要是应付账款，表明它也是先收到顾客现金，然后再结算给供应商，做的是“无本生意”。同时，它有极高的总资产周转率，其负债合计只是其以现金收款的营业收入的几分之一，极高的资产负债率并不表明小米运营的高风险。

三、净资产周转率

它用来表明企业对股东投入资本的利用程度，也用来衡量股东权益与营业额之间的比例关系，可通过以下两个指标的计算来说明。

（一）净资产周转次数

它是以营业收入与平均净资产余额相比较，计算公式如下：

$$净资产周转次数 = \frac{营业收入}{平均股东权益余额}$$

式中，平均股东权益余额的计算方法类似于平均应收账款余额的计算方法。

根据表3－4、表3－2，计算A公司2014年度的净资产周转次数如下：

$$平均股东权益余额 = \frac{1191852 + 1472560 + 1775401 + 1966314 + 2075361}{5}$$

$$\approx 1696298（万元）$$

$$净资产周转次数 = \frac{5077630}{1696298} \approx 3（次）$$

计算结果表明，A公司2014年度每1元净资产实现的营业收入为3元。

（二）净资产周转天数

净资产周转的情况还可以用天数来表示，计算公式如下：

$$净资产周转天数 = 平均股东权益余额 \div \frac{营业收入}{360}$$

$$= \frac{360}{净资产周转次数}$$

A 公司 2014 年度的净资产周转天数计算如下：

$$净资产周转天数 = \frac{360}{2.993} \approx 120（天）$$

计算结果表明，净资产大约 4 个月周转一次。

本章小结

1. 在一定毛利率水平上营运速度的加快带来净利润的累加，生产周期长的产业也要着力加快营运速度。

2. 反映流动资产营运能力的指标主要有：应收账款周转率、存货周转率和营业周期。

3. 反映长期资产营运能力的指标主要有：长期资产周转率。

4. 反映总资产营运能力的指标主要有：总资产周转率。另外，劳动生产率是反映人均创营收的指标。

5. 研发比率是衡量研发投入情况的指标。

复习题

1. 简述应收账款周转率。
2. 简述存货周转率。
3. 简述长期资产周转率。
4. 简述总资产周转率和劳动生产率。
5. 简述研发比率。

第六章

盈利能力分析

美国企业管理咨询专家 Bob Fifer 说："能够获得利润的企业，才有钱奖励员工，帮助他们建立令人激动的职业生涯，投资于新产品、新业务和新技术。盈利能力差的企业则不可避免地在各个方面（士气、产品特色等）沉沦于平庸，因为在资金缺乏时，无论你干什么事情，都会感到心有余而力不足。如果你学会了创造高额利润，所有其他的事情也就迎刃而解了……利润是最准确、最全面的测试，利润能够告诉我们的客户如何评价我们的产品和服务以及我们的效率。利润对我们每一个人都有好处，它可用于奖励员工及主管，用于投资使企业发展，为大家提供更多的职业培训。"

第一节 盈利能力分析的意义

利润是企业全部收入抵补全部成本费用后的盈余，是企业进行经营活动取得的财务成果。企业从事经营活动，其根本目的是能持续、稳定地取得数量可观的利润，这样才能有充足可靠的财务资源，保证企业的独立经营和持续、稳定的发展，才能如期向政府缴纳税金，才能增加职工工资和奖金，提高职工福利，并能在股东中分配利润，维护股东权益，使股东增强再投资的实力。

盈利能力是指企业获取利润的能力。利润是企业内外有关各方都关心的中心问题，也就是人们常说的效益问题，是经营管理绩效的集中体现。因此，盈利能力分析十分重要。

另外，企业盈利能力的大小还直接影响着市场的繁荣与稳定，良性运转的市场，需要参与市场运作的主体有稳定、良好的盈利能力。若企业经营不善，长期利润微薄或亏损，不仅无力发展，还会在激烈的市场竞争中被淘汰。

一、利润关联各方

企业经营好坏的最终评价是盈利的多少，企业的利润关联各方都重视企业的盈利能力。由于利益关系不同，各方对盈利能力进行分析的目的也不同。

例如企业的短期债权人的直接利益是企业在短期内对短期债务还本付息，这是一种短期利益，因此，他们一般较少关注企业盈利的长期趋势，而只关心当期的盈利水平和现金流入量的大小。因为实际偿付时，要依靠货币资金来支付，当期利润大小是决定现金流入量多少的重要因素，但并不等于现金流入量，现金流入量还包括投资和筹资活动流入的现金。短期债权人只有结合当期的盈利情况，分析现金流入量，才能准确判断企业是否有足够的现金偿付能力。

长期债权人的利益是未来债务到期时，企业能及时足额还本付息。长期债务利率高，利息数额大，要靠企业较高的盈利能力来保证。另外，长期负债还本付息时间长，企业面临的市场环境可能会出现重大的变化，会面临企业的经营风险和市场风险。因此，长期债权人在进行盈利能力分析时，更关注企业经营的长期持续、稳定的发展，关心企业盈利能力的长期趋势，以预测和判断企业的长期偿付能力。

股东投资的目的是为了获得丰厚的利润，股东的利益是股价和红利的高低，资本总是投向盈利能力强的企业。股东不仅要了解企业当前的盈利能力，还要通过盈利能力分析，判断现在的盈利能力是否稳定、持久，判断盈利水平的变动趋势，判断资本保全程度、资本增值能力，预测投资风险的大小，以做出投资方面的决策。

企业管理层自然十分关心企业的盈利能力，收益高低是管理效能优劣最重要的指标。对于上市公司，每个时期获得的股利的多少，直接影响股票的行情走势、公司的市值。

企业管理层对盈利能力的分析是全面的，利润是综合反映企业经营成果的重要指标，利润的多少受多种因素的影响，企业在一定时期的销售规模、生产能力、成本费用的高低、资金运筹是否得当以及各项管理工作的水平，都最终反映到利润指标上。

企业要想提高盈利能力，取得稳定、持续增长的利润，就必须要有长远的、行之有效的发展战略，一方面着眼于市场，不断扩大市场占有率；另一方面着眼于企业内部，强化内部管理，提高产品档次和质量，降低产品成本。另外，企业一定时期的盈利能力，还受外部经济环境和宏观调控等变化的制约。因此，经常分析利润的变化情况及其变动原因，评价利润目标、计划的完成情况，分清企业内外环境变化对盈利能力的影响，并进一步了解哪些收支、业务和产品或劳务项目引起盈利的变动，生产经营哪些方面存在薄弱环节，以挖掘增加利润或减少亏损的潜力，为制定提高经营效益的决策提供依据。

二、产业链举例说明

怎样做企业才会有良好的盈利呢？宏碁公司施振荣在1992年提出了著名的“微笑曲线”，就是说产业价值链是个弧形，上面的两端附加价值高，中间最低的一段是加工组装生产，即传统的制造业，附加价值低，而且随着时间的演进，这个弧线越来越弯，两头翘得越来越厉害。上面的前端是大概三项，一是研发，二是原材料采购，三是设计。后端也是大概三项，一是品牌营销，二是销售渠道管理，三是售后服务，包括各种各样的服务。从事生产制造的企业赚取的是加工费，能够向两端延伸的企业才会有丰厚的利润。

这段话怎么理解呢？我们常见许多中小企业也都有研发设计、采购、生产、销售各部门，企业做大以后出现了各环节的相对独立，例如美国微软公司在全球设立了多个研究院。这里首先是从大型企业的角度来看问题。例如华为公司的员工比例，技术研究及开发人员占46%，市场营销和服务人员占33%，管理及其他人员占9%，其余的12%才是生产人员。长期以来，华为一直保持这样的比例，人力资源配置呈研发和市场两边高的“微笑曲线”。

常见的是，利润依附于产业链。我国制造业中许多处于较初级的加工业，难于技术升级，所处的产业链环节利润稀薄。技术的升级要足以升级定价能力，带来利润的升级，才会起到作用。众所周知，耐克公司、阿迪达斯公司并不从事生产制造，而是将订单交付中国、越南和孟加拉的工厂，但公司掌控品牌、设计、广告、营销、渠道等一个完整的产业链。

打造强有力的产业链，是为了形成竞争优势，换言之是为了形成行业的、区域性的或专利的垄断。没有核心优势，全链条企业同样会由于激烈的竞争而难以盈利。必和必拓公司、淡水河谷公司只生产铁矿，但有很大的定价权，源于其规模巨大而形成的垄断。我国众多以出口为导向的生产型企业基本上不可能去整合产业链，发达国家的批发零售企业集中度已经很高、行业相对垄断。看韩国、日本怎么做，许多产业的整个链条掌握在美国手里，而韩国、日本在工业技术方面的巨额研发投入产生的大量专利技术，使其在零部件生产供应上拥有定价权，获取可观的利润。

2014年9月，市场研究公司IHS分析显示，苹果公司的iPhone 6智能手机的部件和劳工成本为200~247美元。标准版iPhone6 Plus的部件和劳工成本为216美元起，128GB版则最高可达263美元。其中，每部手机的流水线劳工成本为4~4.5美元。

可见，从事流水线劳工作业的富士康公司利润率微薄。

iPhone 6和iPhone6 Plus最昂贵的部件是一体化的显示屏和触摸屏，这两款手机的显示屏由韩国LG和全球最大智能手机显示屏厂商日本Japan Display提供。

韩国三星公司刚开始时替苹果生产iPad、iPhone上的LED屏幕和处理器芯片，成为苹果最大的闪存和元器件供应商。后来，三星自己推出了一系列智能手机。

有过一个“芭比娃娃”的著名故事。我国企业制造芭比娃娃的价值是 1 美元，最后在美国的沃尔玛卖出去的价格是 9.99 美元，大量的差价都被中间商和零售商赚取。如今，这一局面正在改变，越来越多的我国企业通过跨境贸易电子商务向海外直销，直接与国外客户交易，以此掌握终端，掌握定价权，净利润率较原先的“加工费”提高数倍。跨境电子商务面对的是全球 200 多个国家和地区，市场潜力巨大，并可以让中间环节“直线化”，把“微笑曲线”拉直。跨境贸易电子商务发展强劲，2011 年我国跨境电商交易额约 1.6 万亿元，2012 年约 2 万亿元，年增长 25%；2013 年约 3.1 万亿元，年增长 55%。

三、利润公式

利润 = 销售收入 - 成本费用

上式表明了利润从何而来。

（一）增加销售收入

管理学大师德鲁克有一句名言：“企业的唯一目的就是创造顾客。”

盈利能力要靠优质产品，更要靠营销能力，发展优质客户、扩大市场占有率、增加营业收入是提高企业盈利能力的基础和保证。举例而言，早期的甲骨文公司开发的软件产品，不如另一家几位大学教授的公司开发的产品，但甲骨文创办人拉里·埃里森擅长营销，赚到钱了就有钱做研发，产品升级，赚更多钱……后来迅速发展成为大型企业，而另一家公司则湮没无闻。

要增加销售收入，需要精干的业务员队伍、有效的广告宣传，以及产品和服务的改进、有市场潜力的新产品的研发等，这类是只能增加不能削减的费用，与其说是费用，毋宁说是投资，因为能带来效益。例如业务员的销售提成奖励，应处于同行业中的较高水平，如果薪资、提成处于行业内的很低水平，或者把这些当成费用着力削减，随之而来的是营销团队士气的低迷、人才的流失，以至于销售收入可能停滞不前，甚至持续滑坡。

全球最大的广告主——三星公司，2012 年的广告投入达 43 亿美元，苹果公司的广告投入仅为 10 亿美元。三星公司 2013 年的广告和营销支出达 140 亿美元，超过冰岛的国内生产总值。三星公司广告和营销支出所占营收的比例达 5.4%，远超苹果公司的 0.6%。一种观点认为：巨额的广告投入，表明三星电子仍需要向消费者证明，该公司已经成为顶级品牌。苹果之所以不需要巨额的广告投入，是因为这家公司的品牌早已深入人心，“当拥有强大、差异化的产品时，苹果就不需要借助广告进行产品推广”。应该看到，2013 年，三星公司在全球智能手机市场的份额达到 1/3，为苹果公司的两倍以上，虽然获取的利润不及苹果公司，这其中广告的投入与效果虽然有争议，但总体上功不可没。

广告需要达到一定的效果，除广告外还有多种宣传方式，如参加会展等。2014 年，中兴手机在国内销量排名第九，但在美国的销量排名第四，其赞助 NBA 球队，发力体育营销取得了巨大成效。

据美国《华尔街日报》2014 年 11 月报道，与已经成名的竞争对手大手笔的电视广告及其他传统推广方式不同，小米公司的市场营销以社交媒体和互联网论坛为主，在这些平台上用户可以发表评论、投诉以及提出要求。通过与用户在网上互动，以及经常根据他们的意见调整软件和功能，小米在中国收获了大量忠实粉丝。

2014 年小米公司有 7500 人，5000 人在服务部门，研发运作部门 2500 人。借助互联网蓬勃发展的东风，这种网民口碑营销，成了一种低成本高效率的广告宣传。

强大的营销能力的背后，要有先进的研发能力、雄厚的技术实力，企业发展才有底气、后劲。而有的企业产品和服务很好，但营销薄弱，就很吃亏，可以拉到的客户没有拉到，可以赚到的钱没有赚到。例如有许多行业在同一个地方有多家公司销售档次差不多的产品或服务，顾客有购买的需要但不是专家，更多的是随意性购买，在这种情况下，公司的营销能力就显得非常重要，谁多拉顾客谁就多赚钱。

（二）降低成本费用

成本是按一定方法对象化的费用，而费用是企业在生产经营中发生的各种耗费。例如为车间生产出产品而发生的各项费用归入生产成本，而期间费用（销售费用、管理费用和财务费用）计入当期损益，我国工业会计上费用分为生产成本和期间费用。税金是特殊的费用，虽然税金与其他费用一样，都是企业的支出项目，但税金是强制缴纳的，与其他费用有所区别。单就企业所得税而言，税率 25%，相当于政府作为每一家企业的一大“股东”，并每年优先现金分红，考虑到其他税费，其“股东权益”就更大了。当然，政府也为企业提供各项公共服务。新加坡的小政府、低税率，有利于财富的创造和工资、消费水平的提高。从企业的角度来看，递延企业税项即延期缴纳，相当于使用相同金额的政府无息贷款，我国在这方面突出的是房地产企业。

许多成本费用是双色球，一面是费用支出，另一面则带有投资色彩。对有些成本费用项目要区别对待，带有投资内涵的要比竞争对手花更多钱，或在比例上高出竞争对手。

降低成本不是偷工减料，企业要合理地降低采购与制造环节成本等，而不是依靠价廉品质低的材料、增加劳动强度、延长劳动时间或低廉工薪，那样会产生反作用力，造成负面影响，而从另外方面如产品及服务品质降低、劳动生产率下降、人才流失、员工队伍素质低下等，都有形无形地增加了企业的成本费用，致使企业在激烈的市场竞争中处于劣势。例如早在 1889 年，英国布隆内尔蒙德公司——当时世界上最大的生产碱的化工企业把所有工人的工作时间改为 8 小时，当时英国的工厂普遍实行 12 小时工作制，结果是：工人们每天 8 小时完成的工作量和原来 12 小时的一样多，因为工人们的积极性、效率大大提高了。

（三）降低采购与制造环节成本

我国制造业的产品成本主要是材料成本，通常占到产品生产成本的 50% ~ 70%，降低成本的责任首先应落在采购部门，需要高薪聘请优秀的采购经理和砍价专家，采购部门人员的专业能力高低，对产品成本进而对企业效益有很大的影响。同时，大中型企业需设置采购稽核岗位，不属于采购部门，但对采购部门进行监督。许多企业对采购工作不那么重视，只要买到合格材料保证生产供应就好了，实际上在采购工作上精明强干与交差了事有很大差别，一年下来可能就是一笔巨款。

降低材料成本不是以次充好，而是货比三家或多家、就近采购。交通、物流的便利可以节约采购时间，产业集群、上下游供应链集中地区可以降低采购成本。大型企业的大宗采购要召开招标会，企业对于大宗或较大宗的采购应定期（半年或至少一年一次）重新货比三家或多家，以购买到价格最低同时又符合质量要求的材料。

关于降低采购成本，美国企业管理咨询专家 Bob Fifer 写道："在这个世界上与你的供货商讨价还价时，最糟糕的人选就是你的采购员。他们与供货商经常打交道，他们了解供货商，自然而然地会与供货商建立某种个人纽带，你不要指望他们撕破脸面去砍价，因此也不可能创造最好的价格……记住，作为供货商与你谈判的那个人通常都是推销员，而推销员通常是世界上最不善于谈判的人，他们想做成这笔交易，而往往会在价格上让步，如果你能真的使他们相信成交与否取决于降低价格，价格就真的会降下来。"

在第五章第五节“其他营运能力分析指标”中讲述应付货款周转率时讲到及时付款以获得供应商的销售折扣，企业日常保持充裕的现金，不放过大宗或较大宗采购的优惠折扣，一年积累下来，可节省可观的资金，这是向采购要利润，是企业经营管理中不可松懈的一环。

大型企业要考虑产业链向上下游有效延伸，采取兼并、收购、参股、新建等方式，将有的经营环节向效率更高的专业公司外包。例如联想公司、海尔公司的生产规模不及富士康公司，将部分低端生产线向富士康外包是正确的选择。

企业经营不需要大而全，例如一家电器厂商，不需要连电源线都自己设车间生产，低端的零配件有专业的厂商大规模生产，在激烈的市场竞争中价格被压得很低，外购常常比自产成本更低。高端的核心部件需要厂商自己掌握技术，虽然这常常很难，甚至不可能，例如华为手机，研发、生产自己的芯片，不像其他众多国产手机一样要向美国高通公司购买，2013 年，许多国产手机仅高通一家的专利许可费用就达到了产品售价的 5%，而其总的销售净利率却低于这一数值，2015 年，在发改委的反垄断处罚之下，高通按原专利收取额度的 65% 收取专利许可费。相当的配置、市场价位的国产手机中，华为有更高的利润率。我们看到，小米公司也在参股芯片研发企业，力争上游。

降低制造环节成本的主要途径是工艺及流程优化、技术（装备）革新、新型设计、规模效应、品质管理（次品与返修品及废品的减少）、员工技能与熟练程度的提高等，其中规模效应影响重大，产量越大单位产品成本越低，呈一条向下的曲线。例如一家工厂，最大产能是月产 1 万台产品，当月产量 1 万台时，单位产品成本最低；当月产量 1000 台时，单位产品成本高企；同样的产品价格，月产量 1 万台时赚大钱，月产量 1000 台时就可能亏损，具体要看量本利分析。

（四）降低人工成本

要降低人工成本，需要精简机构、裁撤冗员。说到冗员，人们首先想到一些行政垄断国企，人数是国际水平的倍数。一个冗员的存在，并非只是多费一份薪酬，还有关联的耗费。

杰克·韦尔奇担任通用电气（GE）公司 CEO 前期，公司正患有大公司长期累积的“富贵病”。韦尔奇几度按照绩效考核对下属各个公司、部门大幅度裁员，每裁员一次，股价就大幅度上涨一次。

我国劳动力价格与西方比较很低廉，工人工资占产品成本比重不高。企业要让工人工资保持在同行业中的较高水平，培训和招收高技能员工，这样，企业将从产品品质、生产效率等方面获得更多的效益，这是保持行业内较高工资以降低产品成本的方式。

压低工人工资表面上降低了成本绝对数，但低工资总是伴随着低技术、低效率和企业的低层次，实际上无形中增加了机会成本，企业为之付出更大的代价。投资人了解到一家公司工资水平低的话，要谨慎，这是低端企业，通常不会有高利润率，像富士康公司从事代工，代工行业通常没有高利润率。

这里说的不是那些低技术、没有什么技术前途的行业和企业，例如越南的鞋厂、孟加拉的服装厂，劳动力便宜，就是低人工成本。对于需要高技术、有技术发展前途的行业和企业，人工成本的性态是迥然不同的。

有竞争力的薪酬体系吸引有竞争力的人力资源，有竞争力的人力资源造就有竞争力的企业。例如华为公司从一家小厂很快成长为大型企业，其所奉行的较高的工资政策引发的工作激励起到了重要作用。华为的说法是："高工资是第一推动力，重赏之下才有勇夫。"华为的薪酬水平虽然低于某些行业、公司，但在其同行业中例如与中兴比则略胜一筹，并常能将年利润的大部分分给全体职工作为奖金，从分配上体现了职工是企业的主人。这符合杰克·韦尔奇的理念——工资最高的时候成本最低，而这不是对低技术、无技术的行业和企业说的。有人问华为总裁任正非，你主要干什么？回答只有两个字：分钱。他提出要学索马里海盗，科学解决合理分赃的问题。他认为人力资源的核心问题是利益，其实是对人们贡献大小的评价，以达成企业内部的合理分配。

巨人公司史玉柱说："表面上看，给员工增加工资好像是增加成本，但根据我自己的经历，我给员工增加工资的时候，紧接着就是我利润最好的时候。对老板来说，你别指望最基层第一线的员工跟你一样有雄心抱负，对你强调的那种企业文化有认同，实际上他们更多的人还是面临着要考虑个人利益问题。在一个行业里，如果长期走低工资路线，无疑将影响队伍的稳定，企业必然会做不好。另外，对老板来说，走高工资路线，那么在你和员工的关系中，你处在主动地位；如果走低工资路线，实际上你是被动的。当然，这样做需要勇气和智慧。"

20 世纪 90 年代，广州一老板将一家集团公司交给他的小舅子管理，新高管大幅度降低工资水平，以"降低成本"，结果引发人才大流失，公司迅速垮台。

著名学者吴思研究民国年间山东中兴煤矿工会时发现，在工会斗争、翻倍提高工资的同时，煤矿也创下了高产，公司利润倍增，"刺激工人的劳动热情，否则将导致怠工、罢工以至破坏"，工会帮助提高工资，同时提高了工人工作的主动性、积极性，也使公司降低了相关管理成本，减少了责任事故。

吴思曾在20世纪70年代中期下乡插队，他写道："刚插队的时候，我对农民普遍偷懒的现象很不理解。我问一位贫农为什么不好好干活，他反问道，'有我多少?'" 数据表明，那时农民自留地的亩产成倍高出公田。

蒙牛公司牛根生在其文章《最佳雇主：让员工"51%给自己干"》中写道："一个企业有没有竞争力，关键取决于员工；员工有没有竞争力，工资水平是核心要素之一。这是'原始的核动力'。如果有谁把'原始的核动力'搞下降了，他的市场地位就会每况愈下……一个爱护消费者的企业，一定要首先爱护自己的员工；一个注重竞争力的企业，一定要把员工收入的增长列为第一优先的财务指标——员工由于热爱工资指标，进而会热爱企业的其他指标，这样才能上下同欲，最终实现同步增长。一切竞争都可以归结为人的竞争。但人才是有价的，人才供求是遵循价值规律的。在人才自由流动的机制中，当员工收入指标优先于其他指标的时候，意味着你总是能够'购买'到略高于企业自身发展水平的人力资源，反复循环的结果，就是你的企业发展水平越来越高，形成了一个'向高循环'的良性系统；反之，当员工收入指标落后于其他指标的时候，你就会落入'向低循环'的恶性系统。'工资级差'，最终造成的将是'人才级差'。'人才级差'，最终造成的将是'企业级差'。我经常说一句话，请来绵羊，一千头也不行；请来狮子，一头就管用。"

1914年，美国福特公司宣布8小时日工资5美元，当时非熟练工人日工资一般为1美元，熟练工人日工资为2.5美元，这是当时的大型汽车企业推动社会工资水平增长，培育汽车消费市场。1961年，日本开始实施国民收入倍增计划，到1973年人均实际国民收入增加了2倍，不到20年即进入发达国家行列。2000年迄今，扣除通胀因素，俄罗斯工资和人均收入增长多倍，2013年，俄罗斯人均国民收入近10000美元，跻身发达国家行列。俄罗斯不仅是油气收入，还有众多高端工业，例如军工、航天等。这些例证说明，提高工资并不像我国有的经济学家说的成本过高、丧失"比较优势"，还要看到在众多有技术前途的行业，提高工资可以调动工人的积极性，推动技术培训事业的发展，提高劳动生产率和技术水平，促进科技创新、产业进步，扩大了内需。一个国家的内需扩大了，就会为众多企业带来更多的市场与盈利及发展的机会。一个国家的长期奉行低薪政策是不明智的。单个企业可以实行同行业中较高的工资，这里讲的是竞争型企业，不是指行政垄断企业，后者带有垄断性高收费的性质。我国30多年来经济高速增长，但人均收入在世界排行榜上是下降的，排在后面。长期实行抑制社会工资水平的政策，后果是内需消费乏力，严重依赖出口、投资。随着我国人口结构的改变，民工荒的出现，许多劳动力密集型产业开始出现了技术装备革新，伴随而来的是人均产量和产品档次的提高，为劳工收入增长和我国转变为消费大国逐步提供了基础条件。

工资水平最具鲜明的行业特征，只能在同行业、同地区作比较。过高的工资使得成本过高，像前文所举的福特公司的案例只是特例，那是当时新兴的巨无霸企业。过低的工资带来有形或无形的损失，那不是在降低成本。对于一家高科技公司来说，职工薪酬应处于同行业中的较高水平或高水平。

四、成本案例

不能把所有成本费用都看作要加以降低的对象，其中许多项目带有投资的内涵，如果支出得当，就能带来有形或无形的更多效益。

例如华为公司在建造公司总部、豪华接待贵宾客户和研究开发等方面的大额支出；又如中国银行在香港盖的气派的大厦，彰显其财雄势大。

例如研发费用，是费用更是投资。比如我国投入重金研发钛合金 3D 打印技术，成功掌握飞机钛合金大型主承力构件激光成型技术，并付诸实际应用，在航空材料领域，第一次走到了世界先进水平的前列。这项获得 2013 年度“国家技术发明奖一等奖”的技术，具有造价低、速度快的特点，广泛用于制造飞机的重要部件，使原来昂贵的钛合金材料及加工费用降低了 10 倍以上，而且强度增加、重量减轻。美国曾有两家公司专门研究这项技术，因未能成功而倒闭。这一案例说明，有的先进技术能极大地降低成本，同时，研发也是风险投资。

《知音》杂志月发行量高达 600 多万份，它的稿酬（税后）每千字 1000 元、1200 元、1500 元不等，最高每千字 2000 元，一篇 5000 字的稿件按质量最高可得 1 万元稿酬，也就是说，以全国最高水平的稿酬招募大批最吸引读者的新老作者，以最吸引读者的稿件来达到每月 600 多万份的发行量，在庞大的发行量之下总稿费只是小数目，成为一本万利的投资。著名企业家陈天桥的盛大文学网，有的网络作者通过点击量获得月入百万元的稿酬，吸引着全国的写手蜂拥而至。他们是不是“下里巴人”是文艺评论界的事，在财务分析上可作为案例。

西班牙 ZARA 公司以“快时尚”著称，其产品产自人力和土地昂贵的本土，各工厂通过总长 200 公里的隧道与巨型分配中心相连。

ZARA 在奢侈品集聚的繁华地段开店，从不做广告，认为被奢侈品巨头包围的商店本身就是最好的广告。ZARA 聘请 400 多名设计师采集最新时尚信息，每年推出 1.2 万多款新产品，这些新产品是从它的设计团队每年超过 4 万款的设计中选出来的。“款多量少”是ZARA的一项营销策略，即使是热销款也不会在店里停留4周以上。

ZARA的衬衣从设计室到专卖店只要两个星期。一般情况下，从设计到生产到成品上架被控制在4~5个星期内；如果已上架的产品需要改进的话，只需要两个星期就能完成。新款产品的产量达到预定的50%~60%时就送去商店，如果上架后的第一个星期表现不佳，就会立刻被撤下来，不再追加生产；如果卖得还不错，那就在接下来几周把预定的产量完成。

ZARA将营业周期从行业平均的数月之久降到两个月，告诉人们的是：降低单位产品成本要靠速度和规模，而不是依赖廉价的人力和土地等。

多年前郎咸平教授讲过一个案例，TCL公司收购阿尔卡特公司手机业务、明基公司收购西门子公司手机业务，试图通过国际名牌加国内廉价劳动力提升竞争力，这两个失败案例说明：缺乏自有的领先技术，品牌可能成为沙滩上的建筑，而在整条产业链里面，组装工人工资成本只占很小比重，并不重要。

五、财务分析之国富论

一个国家如果劳动力、矿山、森林等资源开采、排污费用等项目便宜，但诸多上游行业涉及行政垄断，如电力、电信、石油、交通、金融、保险等高收费，又如高房价导致办公、居住楼宇租、售昂贵，那么对众多企业而言，昂贵的项目抵消超过了便宜的项目，这会在企业的房租、电话费、汽油费、过路费等方面反映出来。这些昂贵的项目抑制了工薪的增长，连锁反应在内需、服务业与企业创新能力、技术升级等之上，将国民经济逼向低端出口、低价竞争的道路。假设提高劳动力价格等便宜项目，那么实际上有大量的廉价出口（出口退税退给出口企业，其实是财政间接补贴外国消费者和外国企业，国家还承担了社保、资源、环境等巨额成本）。是赚还是亏？所换回的天量外汇储备是国内通胀的一只推手，同时容易受到霸权国家“量化宽松”带来的损失。

郎咸平教授说：“先看看用电成本，中国工业用电一度1元左右，美国是我们的一半，5角钱；天然气成本，中国是美国的7倍；物流成本，中国是美国的1.5~2倍。土地成本，中国全国平均工业用地102美元/米^{2}左右，美国中西部只有13~20美元/米^{2}而已。我以旧金山为例，它的工业用地成本只要46美元/米^2。各位晓得上海和深圳的工业用地成本是多少吗？上海大约180美元/米^2，深圳大约210美元/米^2。”（注：2014年）

著名经济学家盛洪说：“举个例子，我们按照税前的价格去做比较，同等品质的成品油，中国的价格比国际上几个主要国家的平均价格要高出31%，这是我们今年的一个报告的估计。这就是垄断价格，高了31%，这是非常高的一个数字。”（注：2013年）。他估计的2011年的数据是各种行政垄断高价带来的损失将近2万亿元，大约相当于当年GDP的4.8%，即拉低了我国经济增长速度4.8%。

我国有众多的企业到美国设厂，纺织、塑胶等行业属于劳动力密集型产业，过去的观点是在我国这样的发展中国家设厂，以利用廉价的劳动力，但现在是越来越多的我国厂商在美国东南部建厂，以节约成本。例如美国《华尔街日报》2013年12月报道，中国杭州的科尔集团公司正在把一些纱锭装箱运往美国的南卡罗来纳州，公司投资2.18亿美元在兰开斯特县建厂，新工厂的电费只有中国的一半，公司预计将创造至少500个就业岗位。截至2013年年末，已有17家中国公司在南卡州投资，投资额6.56亿美元。这是如何节约成本呢？主要是节省了远洋运输费，更低的税收，更低的能源、通讯、交通、金融等费用，而不只是考虑工资的差别。

美国苹果、通用电气、奥的斯电梯等公司已将部分生产线从中国转移回美国。波士顿咨询集团说：“虽然美国制造业工人的平均工资是每小时19美元（注：2013年），但其他非工资因素更有利于美国。美国工人效率更高，自动化降低了人力开支，廉价天然气进一步降低了成本，而油价上涨推高了货运费。”波士顿咨询集团预计，到2015年，中国总体上的成本优势将缩小至7%。多年来，一提到我国的成本优势，就讲到工资低，实际上，工资只是众多费用中的一项，我国需要开放行政垄断行业壁垒、精简行政机构和人员、降低和减少各项税费，以减轻社会、经济的运行成本。我国政府对银行、电力、石油、电信、航空等领域有了重要的开放举措，以利于公平竞争，提出要让财政供养人员只减不增，出台了多项减税政策，减少、下放诸多审批程序，有利于经济的发展。

日本的农民富裕，一公斤大米售价折人民币几十元，实际上是它的工业反哺农业，而盛产稻米的泰国等国就没有办法给农民那么高的保护价。没有先进制造业，日本靠什么发达？郎咸平教授在他的电视节目里呼吁要大力发展制造业，笔者认为应在“制造业”的前面加上“先进”两个字。先进制造业是真实的国力，例如美国的国力并不像它的GDP显示的那么强大，它的GDP的75%以上是服务业，而服务业中的许多行业正如作家John Robbins所说：“一个为了离婚付出巨额律师费用，又同时接受多发性癌症治疗的病人，就成了美化GDP数字的推手。”例如美国有一大批专门从事报税的会计师，如果它实行东欧的简单税制，就没有这一行业的 GDP。美国的国力，离不开它强大的先进制造业。要对 GDP 的构成进行分析，例如俄罗斯的教育、医疗免费，它的学校、医院也就不创造什么 GDP。淡化 GDP 指标，大力发展先进制造业，营运良好的先进制造业企业，将会带动为其服务的银行、软件公司等服务业的发展，例如一家华为公司便带动了多少家服务业企业的发展。世界进入大数据时代，高端工业化社会与低端工业化社会因应大数据的层次是不同的。先进制造业是创富的发动机，不断创新，技术水平提高，快速应用，劳动生产率提高，职工工资随之提高，这是我国艰难而必由的富强之路。

第二节　营业盈利能力分析

进行盈利能力分析，需要看净利润是否主要是由主营业务贡献的，是则令人对其主营业务的经营和发展较有信心。需要看纳入合并报表范围的子公司报表，关注对公司营业收入和净利润影响较大的子公司。还需要看财务报表附注，是否有重要会计政策和会计估计的变更，是则分析其引起净利润多大的变化。

本书不使用利润总额（税前利润）指标，内外资企业所得税税率均为 25%，政府认定的高新技术企业税率为 15%，主要就是这项税率差异，例如书中例题 A 公司享受优惠税率。本书只使用净利润（税后利润）指标，只有净利润才是股东最终享有的收益。而对于享受税收减免等各项优惠政策的企业，要关注其优惠的变化情况，例如到期终止对净利润的影响。

反映企业营业盈利能力的指标主要有毛利率、营业净利率和成本费用净利率，最重要的是营业净利率。

一、毛利率

毛利率（Gross Profit Ratio）是指毛利与营业收入之间的比率。所谓毛利，是指营业收入与营业成本之间的差额。营业成本是企业最大的开支项目，它的变动对净利润影响最大，因此设计了毛利率这样的初级指标，以反映企业销售产品或提供服务的初始盈利能力。毛利率越大，可能最终形成的净利润越大。

企业营业收入扣除营业成本后有余额，才能用来抵补各项期间费用等以得出净利润，毛利润是净利润形成的基础。毛利额越高，抵补各项期间费用等的余地越大，净利润越高；反之，净利润越低。

该指标的计算公式如下：

毛利润 = 营业收入 - 营业成本

$$\text{毛利率} = \frac{\text{毛利润}}{\text{营业收入}} \times 100\%$$

根据表 3-2，计算 A 公司 2014 年度的毛利率如下：

毛利润 = 5077630 - 3225223 = 1852407（万元）

$$\text{毛利率} = \frac{1852407}{3225223} \times 100\% \approx 57.4\%$$

企业对存货计价方法和固定资产折旧方法的会计处理对营业成本也会产生影响，从而影响毛利率。毛利率发生变化应从各生产成本项目进行分析，如原辅材料价格、职工工资、水电费及其他制造费用的变动等，另外，薄利或厚利的不同品种产品销量的变化对之产生着直接的影响。

毛利率指标在企业经营中的销售管理环节有重要用途，企业只是向客户提供他们愿意付多少钱的产品或服务，不能无限度地满足客户，而要注意一定的毛利率。绝大多数企业以销售额计算业务员的提成，许多企业的产品或服务的性质决定了只能如此计算。有的企业可以加大高毛利品种的销售提成，这样，业务员就有更大的动力促进厚利产品的销售，提高企业的利润。

二、毛利率的行业特征

毛利率是企业管理的一个重要指标，它反映企业的价格政策和控制成本的能力，它依赖于产品的行业属性和市场竞争战略。毛利率有较明显的行业特征，营业周期短、固定费用低的行业，毛利率通常比较低，如社区超市；生产周期长的行业，如大型轮船制造业，毛利率低则难以弥补巨大的固定费用。通常大产品，如大飞机，毛利率必须高；小产品，如手机，毛利率可以低。当然，这不是绝对而言，有的小产品，设计、技术等遥遥领先，定高价也供不应求，就有高毛利率。毛利率随行业的不同而高低各异，但同一行业的毛利率一般相差不会太大，也有相差很大的情况。最特殊的是手机行业，苹果公司拿走绝大部分利润，毛利率非常高，其次是三星，剩下的众多手机企业分食零碎，毛利率低。

企业的毛利率要在同行业中比较，了解行业的利润空间，了解企业的盈利能力在行业中所处的位置，评价企业在竞争中的优劣势。如果毛利率处于行业中的较高水平，说明企业产品的附加值高，能以较高的价格销售，或者企业在成本方面有竞争优势。例如钢厂，原料都是铁矿石，有的钢厂主要产品是汽车用钢板，技术含量高，价格与毛利率也都较高；有的钢厂主要产品是建筑用钢材，技术含量低，价格与毛利率也都较低。又如电解铝厂，属用电大户，有的电解铝厂自营发电厂，拥有电力成本优势，毛利率在同行业中处于高水平。如果毛利率处于行业中的较低水平，需要分析差距形成的原因，以找出提高盈利能力的途径。

大多数竞争性行业具有周期性，行业火热的时候，产品供不应求，连带着上下游行业毛利率攀升；一到产能过剩，打价格仗时，毛利率就会陡降。垄断性行业周期性不明显，尤其是行政垄断行业，例如银行业，我国股市发展状况不佳，社会融资主要靠银行，而银行又有牌照的限制，和美国比，我国银行数量很少，行业本身具有行政性划开的很大的利润空间，2013 年，五大国有银行净利润达 8627 亿元。2010 年年初，P2P 贷款、互联网金融出现，存款利率市场化开始起步，2014 年发放首批民营银行牌照。做银行股板块的行业分析时，不要只看其高额的利润，还要看它正在缓慢地走向竞争性行业。另外，在竞争性行业里面，制造业中低技术含量的行业，周期性也不明显，早已被行业产能压低了毛利率，一般情况下，不会再有高毛利率。

通常，不同行业的毛利率高低跟企业的营运速度紧密相连。低毛利率行业的企业伴随着高资产周转率，如平价连锁超市；高毛利率行业的企业伴随着低资产周转率，如大型轮船制造业。有的企业走薄利多销的路线，例如这些年的小米公司，多销是卖得快，快就是多，也就是低毛利率伴随着高资产周转率。高毛利率伴随着高资产周转率是理想状态，在竞争激烈的市场中有这样的企业，但数量很少，例如这些年的苹果公司。而低毛利率伴随着低资产周转率的企业会被淘汰。

薄利多销，是增大了销售额，以图更多利润。例如某家公司，月销售 1 亿元，毛利率 25%，毛利 2500 千万元，将毛利率降为 20%，有助于扩大销售，增加的销售额及对应的毛利额如表 6－1 所示。

表 6－1　某公司降低毛利率后的销售额及毛利额

销售额（亿元）	毛利率（%）	毛利（万元）
1	25	2500
1.1	20	2200
1.2	20	2400
1.3	20	2600
1.4	20	2800
1.5	20	3000

考虑到销售额增加，相应的销售费用等期间费用也会增加，且不考虑坏账风险等，表中显示，当毛利率陡降5%时，销售额需暴增约40%以上，才会有更多钱赚。读者可以自行列表，例如原来毛利率20%，降为15%的时候又是怎样。

可见，薄利多销并不适合作为多数行业和企业的生意经，企业不能轻易降低毛利率，除非竞争对手将同质产品杀价，企业被迫应战。一个行业，当同质产品产能过剩时，各企业必然陷入以降低毛利率来拼销售的陷阱。实行薄利多销，典型的如社区超市，小米公司也实行薄利多销，它们的共同点是现金销售，另外，手机是一种更新换代很快的小型电子产品。只有能够不管经济是否萧条，都做到厚利畅销，像苹果公司那样，才是了不起的企业。

毛利率在不同时期是变动的，产品价格在变动，成本费用在变动，行业在时期性变动，垄断性行业会在一定时期垄断，但不会永远垄断，自由贸易、自由投资是世界潮流。有的企业能够研发出特别优异的产品，以不菲的价格大面积占领市场，在同行业中鹤立鸡群，但一段时期后就会面临其他企业的追赶甚至超越。

三、营业净利率

营业净利率（NPM，Net Profit Margin On Sales）也称销售净利率，是以净利润与营业收入相比较，反映企业营业收入创造净利润的能力。

该指标的计算公式如下：

$$\textbf{营业净利率}=\frac{\text{净利润}}{\text{营业收入}}\times 100\%$$

从公式中可以看出，只有当净利润的增长速度快于营业收入的增长速度时，营业净利率才会上升。从代数上看，分子大分母小，数值就大。但从财务分析的视角来看，当产品销售处于一定的毛利率水平时，要加大营业净利率，就要增加分母营业收入，在规模效应下产品成本及期间费用中的固定费用部分曲线下滑，使得净利润的增长速度快于营业收入的增长速度。

在分析该比率时应注意，营业收入包含主营业务收入和其他业务收入，利润并非都由营业收入产生，还受到投资收益、公允价值变动收益、资产减值损失、营业外收支等因素的影响。要注意的是，净利润是否受到了大额的非常项目损益或大额的投资收益的影响，在分析报告中要另加说明，金额不大可以忽略不计。当然，利润主要应来自于营业收入，才具有可持续性。

对上市公司的分析要注意投资收益、营业外收入等一次性的偶然收入，一次性的收入突升，如利用资产重组、非货币资产置换、股权投资转让、资产评估、非生产性资产与企业建筑物销售所得收入调节盈余，即公司可能用这些手段调节利润。

根据表3－2，计算A公司2014年度的营业净利率如下：

$$营业净利率=\frac{936\ 155}{5\ 077\ 630}\times100\%\approx18.4\%$$

计算结果表明，每百元营业收入实现18.4元净利润。

营业净利率是企业销售的最终盈利能力指标，比率越高，说明从销售产品或提供服务中净赚的越多。但是它受行业特点影响较大，通常来说，越是技术尖端的企业，营业净利率就越高；反之，技术水平较低的企业，营业净利率也较低。因为技术先进的产品，有较强的定价话语权，可以定高价而且畅销，营业净利率就高。

营业净利率受毛利率影响，但不完全由毛利率决定，中间隔着期间费用、投资收益等，而这些在各行业、各企业都不相同。营业净利率是最重要的财务比率之一，通俗地说，就是你干这行，卖出多少钱的货能净赚多少钱，做的是赚钱生意还是赔本生意。

也可以将企业的息税前利润作为公式的分子以计算息税前利润率，因为利息支出实际上是企业新创价值的一部分，把息税前利润作为公式的分子可以消除筹资方式对盈利能力的影响，即消除由于借贷款项而产生的利息、手续费等对利润水平产生的影响。但是，通常企业需要借入资金加上自有资金，有这样的资金运用量，才会产生这样的销售量和利润额，因此息税前利润率只是一个参考指标。

四、成本费用净利率

利润表只列示与营业收入相配比的营业成本，企业月末完工入库产品的生产成本结转库存商品，当月销售的库存商品结转营业成本，用公式表示如下：

本期营业成本＝期初库存商品＋本期入库商品－期末库存商品

成本费用净利率是反映利润表营业收入中耗用的成本费用与获得的净利润之间关系的指标，这些耗费和收益最终通过货款回笼来收回。

该指标的计算公式如下：

$$成本费用净利率=\frac{净利润}{成本费用合计}\times100\%$$

成本费用合计＝营业成本＋销售费用＋管理费用＋财务费用

根据表3－2，计算A公司2014年度的成本费用净利率如下：

$$成本费用合计 = 3225223 + 421600 + 306314 + 80727$$
$$= 4033864（万元）$$

$$成本费用净利率 = \frac{936155}{4033864} \times 100\% \approx 23.2\%$$

计算结果表明，耗费每 100 元成本费用获得净利润 23.2 元。这 100 元和 23.2 元都包含在营业收入中，收款时收到，回收的营业收入大于 123.2 元。我们看利润表中还包含其他项目，这个比率是将净利润与主要的成本费用作对比。

这项比率越高，表明企业耗费一定成本费用所得的净利润越高。这是一个能直接反映增收节支、增产节约效益的指标。企业生产销售的增加和费用开支的节约，都能使这一比率提高。

一家大型企业巨额的研究费用和广告营销费用，其受惠期难以估计，在财务会计上都作为当期费用处理了，没有列入无形资产投资，实际上会对企业的盈利能力造成低估。即便列入无形资产，摊销期也难以确定，只能按通常的五年来计算。而对于财务费用，在通货膨胀时期，原先的贷款利率对企业有利。

以上只是一个简单的比率，要深入理解成本和利润之间的关系，需要进一步学习量本利分析。

第三节　资产盈利能力分析

本节介绍总资产净利率和人均创净利。

一、总资产净利率

总资产净利率（ROA，Return On Assets），反映企业总资产的盈利能力，是衡量企业全部经济资源综合利用效益的指标。

总资产净利率与企业的投资报酬率（ROI，Return On Investment）的税后含义是同义词，企业的各项资产是由借贷资本和股权资本投资形成的。但我们这里使用 ROA 而不使用 ROI，以免混淆，因为 ROI 与 ROA 有所区别。ROI 主要是指一个投资项目投入与回报的关系，用途广泛；而 ROA 则是指企业投入的全部资产的回报。

该指标的计算公式如下：

$$\textbf{总资产净利率} = \frac{净利润}{平均资产总额} \times 100\%$$

这一比率越高，表明资产利用的效率越高。可将上式作如下分解：

$$总资产净利率 = \frac{净利润}{平均资产总额}$$

$$= \frac{营业收入}{平均资产总额} \times \frac{净利润}{营业收入}$$

$$= 总资产周转率 \times 营业净利率$$

上述关系式揭示了两条改善总资产净利率的途径，一是加快总资产周转率，利用总资产产生更多的营业收入；二是加大营业净利率，从营业收入中获得更多的净利润。这个指标能从营运能力和盈利能力两方面反映企业的经营业绩，是一个较为全面的指标。资产周转速度越快，营业净利率越高，则总资产净利率越高。因此，提高总资产净利率可以从两方面着手，一方面加强资产管理，提高资产利用率；另一方面加强销售管理，增加营业收入，提高利润水平。

在第五章第四节“总资产营运能力分析”中计算出平均资产总额为4652223万元，根据表3-2，计算A公司2014年度的总资产净利率如下：

$$总资产净利率 = \frac{936155}{4652223} \times 100\% \approx 20.1\%$$

计算结果表明，每百元资产可产生20.1元的净利润。这是一个较高的比率，揭示出公司资产利用效果很好，管理层善于经营。

从以上计算中可以看出，总资产并非越多越好。企业的价值体现在不断产生利润的现金流入中，总资产的运用是赖以实现的手段，投资小、回报高才是理想的经营状态。通常人们总是认为总资产越大越好，显得企业实力雄厚，实际上是总资产净利率越大越好，企业要追求的是利润最大化，而不要刻意去扩张总资产。如果总资产净利率低，就是资源配置的低效率。

衡量企业规模大小的不是总资产，而是营业收入，归根结底还是净利润。例如两家工厂，一家总资产1亿元，另一家总资产1.5亿元，当年各自营业收入都是2亿元，当然是总资产1亿元的工厂利用其资产形成销售的能力强。又如这两家工厂，当年实现净利润，一家2000万元，另一家3000万元，当然是净利润3000万元的工厂其销售产生净利的能力强。看企业首先是看营业收入、净利润，就是做多大生意、赚多少钱，相比之下，总资产比较次要，而且有些企业有许多闲置资产，对做生意赚钱没起什么作用。

二、人均创净利

在第五章第五节“其他营运能力分析指标”中讲述了劳动生产率，A公司

2014 年度平均职工人数为 47097 人，劳动生产率即人均创收入 107.8 万元。这里我们介绍人均创净利（Net Profits Capita），计算公式如下：

$$\text{人均创净利} = \frac{\text{净利润}}{\text{平均职工人数}}$$

根据表 3－2，计算 A 公司 2014 年度的人均创净利如下：

$$\text{人均创净利} = \frac{936155}{47097} \approx 19.9\ (\text{万元})$$

计算结果表明，平均每个职工为企业贡献约 20 万元净利润。如果都按照该公司在欧美收购和兴建的工厂的工资标准，则该指标会很难看，体现出我国劳动力低廉，多数产品价格和档次不高，但在中低端市场常常所向披靡。要提高这一指标，一是提升技术装备水平以加大产量规模，从而在工资水平逐年有限增长的情况下提高劳动生产率；二是加大研发投入，推出高新产品，以提升产品的档次和价格。学过量本利分析的人都知道，价格对于利润是最为敏感的因素，也就是对利润影响最大。在第五章第五节“其他营运能力分析指标”中我们计算了该公司的研发比率为 2.7%，这一比率可以提高。

这是一个比劳动生产率更重要的指标，如果这一指标数值小微，则人均创营收指标就失去意义，那么多人一年忙到头没给企业创造什么效益。如果这一指标数值是负数，则体现企业对社会资源包括经济资源、人力资源等的错配和浪费。

第四节　资本盈利能力分析

反映企业资本盈利能力的指标有股本净利率和净资产净利率，股本净利率只需阅读了解，最重要的是净资产净利率。

一、股本净利率

股本即实收资本，是指企业实际收到的股东投入的资本以及按照有关规定由资本公积、盈余公积转入的资本，是股东权益主要的一部分。股东权益中参加利润分配的只是股本，股本净利率是企业的净利润与股本的比率，是衡量股东投入股本的盈利状况的指标。

该指标的计算公式如下：

$$\text{股本净利率} = \frac{\text{净利润}}{\text{平均股本余额}} \times 100\%$$

式中，平均股本余额的计算方法类似于平均应收账款余额的计算方法。根据

表3-4、表3-2，计算A公司2014年度的股本净利率如下：

$$平均股本余额=\frac{506247+506247+759371+759371+759371}{5}$$

$$\approx 658121(万元)$$

$$股本净利率=\frac{936155}{658121}\times 100\%\approx 142.2\%$$

计算结果表明，这一比率很高，一年的净利润就把股本赚回而且有余，对此，股东怎能不喜出望外呢？

在企业经营期间，股东一般并不把净利润全部分掉，会留一部分在企业，这实际上是追加投资，如果发生亏损，也就是股东权益的减值。股东投入资本通常大于股本，最能反映资本盈利能力的是净资产净利率。

二、净资产净利率

净资产净利率（ROE，Return On Equity）也称净资产收益率，是指净利润与股东权益之间的比率，反映股东投资的盈利能力。该比率也称为股东报酬率或股权报酬率，反映股东的投资回报，是最重要的财务比率。

该指标的计算公式如下：

$$\textbf{净资产净利率}=\frac{净利润}{平均股东权益余额}\times 100\%$$

这一比率越高，表明股东投资的收益水平越高，盈利能力越强；反之，则收益水平不高，盈利能力不强。

在第五章第四节“总资产营运能力分析”中计算出平均股东权益余额为1696298万元，根据表3-2，计算A公司2014年度的净资产净利率如下：

$$净资产净利率=\frac{936155}{1696298}\times 100\%\approx 55.2\%$$

计算结果表明，每百元股东投资产生55.2元净利润。这一比率极高，表现出极强的盈利能力。

对股份公司而言，必须每年派发现金股利、配股或股价升值来为股东提供报酬，否则难以吸引投资者购买股票来使公司市值上升，筹措更多资金。因此，净资产净利率是一个非常重要的指标，关系到投资者对公司现状和前景的判断，关系到公司高管人员的任免。净资产净利率的水平是否令人满意，要看同期同行业的平均状况、经济景气状况、投资者承受的风险程度和预期的收益率等因素。

会计核算上以利息费用反映了债务融资成本，忽略了股权资本的成本。要考虑股东权益的资本成本，不需要去计算复杂的经济价值增加值（EVA），最简单的办法是将净资产净利率与企业同期向银行借来的一年期贷款的利率相比较，当然这里不与民间借贷的高利率相比，亏损企业与高盈利企业不谈，如果净资产净利率低于银行贷款利率，说明股东赚不到贷款利息的水平。至少，企业的净资产净利率应高于同期的国债利率，国债可说是无风险的，我国现行的一年期国债利率在4%左右，如果公司的ROE低于4%，则该公司股票属于绩差股。在股市上，ROE多年持续优良的公司，为投资者带来了不俗的复利回报。

三、股市ROE的计算

股市投资者需要注意的是，财经网站上罗列了一堆重要与毫不重要的指标，同时，许多指标的计算有误，会形成误导。对于净资产净利率这样最为重要的比率，投资者无须自己计算，上市公司会计算并披露出来，同时应注意利润表中是否有大额的与正常营业无关的、非经常性的收益，上市公司会披露扣除非经常性损益后的净资产收益率。

在上市公司公开披露的信息中，有两个指标：加权平均净资产收益率和全面摊薄净资产收益率，它们是根据2001年证监会发布的《公开发行证券公司信息披露编报规则》第9号规定的公式计算并披露的。

加权平均净资产收益率（ROE）的计算公式如下：

$$\mathrm{ROE}=\frac{P}{E0+NP\div 2+Ei\times Mi\div M0-Ej\times Mj\div M0}$$

其中，P为报告期利润，NP为报告期净利润，E0为期初净资产，Ei为报告期发行新股或债转股等新增净资产，Ej为报告期回购或现金分红等减少净资产，M0为报告期月份数，Mi为新增净资产下一月份起至报告期期末的月份数，Mj为减少净资产下一月份起至报告期期末的月份数。

A公司披露的2014年年报上的加权平均净资产收益率为55.96%，扣除非经常性损益后的加权平均净资产收益率为51.26%。

上列公式看上去十分复杂，其实约等于如下简化的公式：

$$\mathrm{ROE}=\frac{\text{报告期净利润}}{\text{平均股东权益合计}}$$

这一简化的公式与上文叙述的净资产净利率一致。

全面摊薄净资产收益率（ROE）的计算公式如下：

$$\mathrm{ROE}=\frac{\text{报告期净利润}}{\text{期末股东权益合计}}$$

这一指标侧重于期末的状况，表明期末净资产对净利润的分享。

以上介绍了证监会发布的两个 ROE，这是读者应当了解的。在进行财务分析时，最好使用上文叙述的在公式左方加粗体的净资产净利率。如果公司有增资扩股行为，当年度的全面摊薄净资产收益率会出现下降的现象，因为新融进的资金不能马上发挥效用，还有公司可能通过负债回购股权的方式来提高净资产收益率和每股净收益，这时使用加权平均净资产收益率比较好。所以，请使用上文叙述的加粗体的净资产净利率。

四、净资产净利率与营业净利率、总资产净利率的关系

净资产净利率和营业净利率、总资产净利率是本章最重要的三个比率。剥去财会术语的外衣，通俗地说，就是你干这行，每卖出一万元的货能净赚多少钱，这是营业净利率；你投入了多少钱，你自己的本钱加上借来的钱，总共净赚了多少钱，这是总资产净利率；你自己的本钱是多少，净赚的钱是多少，这是净资产净利率。

净资产净利率大于总资产净利率，因为作为分母，净资产是总资产的一部分。净资产净利率仅从股东的角度来考察企业盈利水平的高低，而总资产净利率则从股东和债权人两方面来考察企业整体盈利水平。在相同的总资产净利率水平下，由于不同的企业采用不同的资本结构形式，即不同的负债和股东权益比例，会造成不同的净资产净利率。

$$
\begin{aligned}
\text{净资产净利率} &= \frac{\text{净利润}}{\text{股东权益}} \\
&= \frac{\text{净利润}}{\text{资产总额}} \div \frac{\text{股东权益}}{\text{资产总额}} \\
&= \frac{\text{净利润}}{\text{资产总额}} \div \frac{\text{资产总额} - \text{负债合计}}{\text{资产总额}} \\
&= \text{总资产净利率} \div (1 - \text{资产负债率}) \\
&= \frac{\text{总资产净利率}}{1 - \text{资产负债率}}
\end{aligned}
$$

式中表明，在净利润大于 0 的情况下，资产负债率越大，分母值就越小，净资产净利率就越大；反之，在净利润小于 0 的情况下，资产负债率越大，净资产净利率就表现为亏损越大。读者可在 Excel 表格中试算，注意，式中资产负债率使用的是期末数，要改为使用平均数，才会使小数点之后的尾数都相等。

营业净利率没有考虑产生净收益的投资资本，有的企业营业净利率较高，净

资产净利率却较低，原因是净资产投入大，企业资产形成的营业额又不够高，就会造成这样的结果。有的企业，例如一家超级市场的年度营业净利率大约为3%，但它的净资产净利率却可以达到或高于许多行业的平均值。又如一家房地产开发公司，年度营业净利率为20%，其资金主要使用银行贷款，自有资金较少，净资产净利率高达50%。

体现企业盈利能力的归根到底是净资产净利率。有的企业营业净利率较高，但净资产净利率较低，反映出企业的资产、资金利用效果较差。有的企业营业净利率较低，但净资产净利率较高，例如家用电器制造业，这是竞争非常激烈的行业，有的家电厂商经营良好，营业净利率较低，在5%上下，净资产净利率却很高，达到25%左右，说明一是企业有效利用资产做到较大的营业额，营运周转能力强；二是企业能有效地利用借贷资金，资金利用效果好。

财务分析首先要看净资产净利率，如果这一指标差，别的一切就都失去了意义。这一指标好，还要看利润表，看净利润是否主要是由主营业务创造的，而不是别的可疑的项目伪饰的，或者甚至是由政府补贴等形成的。例如有的公司通过重组、资产出售或一次性所得的溢利，拉抬净资产净利率。看这一指标不能只看一年，要看连续三年的数额。

例如有的公司投资新建工业园，尚未量产，总资产就急遽增大，营业额还只是原来老厂的产销量，总资产净利率就变小，这种情况下，我们需要具体看投资的构成、股权资金和债权资金的比例。若是负债兴建，不影响净资产净利率；若是股东增资兴建，则净资产净利率就变小。换句话说，就是营业收入和净利润不变，净资产增大的话，净资产净利率就变小。

当然，不是只看净资产净利率，例如有的上市公司净利润数值相对于总资产来说很小，即总资产净利率很微小，公司资产负债率高达80%以上，使得净资产净利率达到5%以上，这样的公司不能只看净资产净利率就武断地说它盈利能力良好，而是要进一步综合分析，首先是负债太高了，因为一般企业并不像互联网企业小米、京东那样，可以先收到客户的现金，再支付给供应商。营业净利率的大小，一是看相对于总资产规模形成的销售额的大小，二是看相对于营业额的成本费用的高低，由此产生的净利润数额的大小，决定着总资产净利率和净资产净利率的大小。所以，净资产净利率和营业净利率、总资产净利率三个指标要一起看。

为什么说净资产净利率是衡量企业盈利能力的终极指标？下面举例加以说明。

表 6－2　2012 年度三家企业净利润率的比较　　单位：亿元

名　称	工商银行	中国石油	中国移动
营业收入	5 369.45	21 952.96	5 604.13
净利润	2 386.91	1 306.18	1 293.81
总资产	175 422.17	21 688.37	10 521.09
净资产	11 284.59	11 807.66	7 234.47
营业净利率	44.5%	5.9%	23.1%
总资产净利率	1.4%	6.0%	12.3%
净资产净利率	21.2%	11.1%	17.9%

工商银行的营业收入主要包括净利息收入、手续费及佣金净收入等，总资产主要包括客户贷款等。中国石油的营业收入主要包括销售汽油、煤油、柴油的收入等，总资产主要包括油气设施等。中国移动的营业收入主要包括通话费、上网费等，总资产主要包括网络、IT 系统等。

从表 6－2 中可以看出，相比之下，工商银行的营业净利率最高，中国石油的营业净利率最低，中国移动的总资产净利率最高，工商银行的总资产净利率最低。这带有行业的差别，不能以此述说谁好谁坏，要比较只能在同行业中比较。衡量企业的经济效益最终要看净资产净利率，所有行业、所有企业均可比较，在表 6－2 中，工商银行效益最好，其次是中国移动，最后是中国石油，而中国石油的净资产净利率达到 11.1%，也属绩优。当然，这些都是行政垄断企业。

不能以营业净利率、总资产净利率来评论行业的好坏，而要以净资产净利率来看股东投资的报酬，净资产净利率是评价企业盈利能力的最终标杆。

在本章第二节“营业盈利能力分析”中讲到：“营业净利率受毛利率影响，但不完全由毛利率决定，中间隔着期间费用、投资收益等，而这些在各行业、各企业都不相同。”毛利率有较鲜明的行业特征，营业净利率则不然。总资产净利率也没有鲜明的行业特征，它体现的是企业利用其总资产形成净利润的能力，利用得好利润率就高，利用得不好利润率就低。净资产净利率也没有鲜明的行业特征，同行业的各企业盈利能力不同，资本结构也不同。在反映盈利能力的财务比率中，只有毛利率有较鲜明的行业特征。

按照马克思经济学理论，社会资本会趋向于一个平均的利润率，资本总是从低利润行业、企业向高利润行业、企业流动，直到投资收益和风险相对均衡，这是市场经济资本运动的规律。从财务分析学上讲，同行业对于一个平均的毛利率会有所趋向，但是一个平均的营业净利率、总资产净利率、净资产净利率在现实中并没有多大程度地出现过，由于市场供需变化、企业经营优劣、资本结构不同、投资的信息不对称、主观惯性偏好、流动时滞性及其他原因，股市上各行业及同行业各企业的这后三项比率是不相同的，常常是差异较大的。所以，这一“平均利润率”应主要指毛利润率，而非这后三项比率。当然，马克思是100多年前的人物，不知道现在有个财务分析学，花样这么多。

五、杜邦模型分析

（一）杜邦模型的分解

杜邦模型（DuPont Formula）是美国杜邦公司始于1910年设计和使用的一个财务比率分析的综合模型，它是将已有的指标层层分解，而不是建立新指标，进行杜邦模型分析关键在于对指标的理解和运用。

杜邦模型是将几个评价企业经营效率和盈利能力的比率结合起来，并最终通过净资产净利率来做综合反映，以此揭示利润与资产、销售的关系。净资产净利率可以进行如下分解：

$$
\begin{aligned}
净资产净利率 &= \frac{净利润}{股东权益} \\
&= \frac{净利润}{资产总额} \times \frac{资产总额}{股东权益} \\
&= 总资产净利率 \times 股东权益倍数 \\
&= 总资产周转率 \times 营业净利率 \times 股东权益倍数
\end{aligned}
$$

对于A公司2014年度的净资产净利率，我们用公式最后的三个指标相乘，计算如下：

$净资产净利率 = 1.091 \times 18.437\% \times 2.743 \approx 55.2\%$

计算时精确到小数点后三位，结果才会相等。式中股东权益倍数要重算，因为第一个指标的总资产是按平均数来算的，须保持一致。在上一节有平均资产总额的数据，即4652223万元，在本节上文有平均股东权益余额的数据，即1696298万元，计算如下：

$$平均股东权益倍数 = \frac{平均资产总额}{平均股东权益余额}$$

$$=\frac{4652223}{1696298}$$

$$\approx 2.743$$

应注意的是，这里使用平均数计算，是要与前面的指标口径保持一致，以得出准确的结果。但在进行偿付能力分析时，要使用的是期末数，需要反映的只是期末的偿付能力。

从总资产周转率来看，每1元资产可产生1.1元的销售额；从营业净利率来看，每百元销售可产生18.4元净利润；从股东权益倍数来看，股权资本支撑着约2.7倍的投资规模。周转不慢、利润高、有利的借贷融资，使得该公司2014年度净资产净利率高达55.2%。这是管理层经营有方的结果，对此股东欢天喜地。

A公司2014年杜邦模型如图6-1所示。

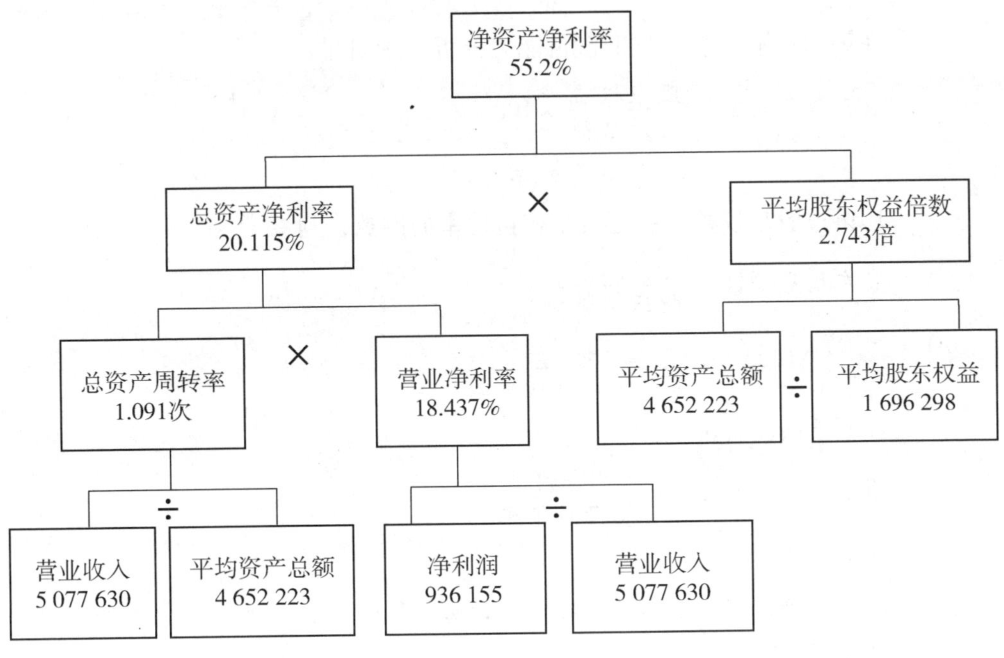

图6-1 A公司2014年杜邦模型（单位：万元）

从图6-1中可以看出：

1. 净资产净利率是中心。其他各项指标都是围绕这一中心，通过彼此之间的依存和制约关系，来揭示企业的盈利能力。净资产净利率的高低，取决于总资产净利率的高低和股东权益占总资产的比重。

2. 总资产净利率体现着总资产的盈利能力。总资产周转率用来衡量对总资产的利用率，但不反映利用资产实现的盈利；营业净利率揭示了营业收入的净利润率，但不反映形成销售而产生净利润所使用的资产的情况；总资产净利率将两者有机地结合起来。

3. 股东权益倍数，表明企业的股权资本支撑着几倍于自身的投资规模，即总资产。

杜邦模型之所以成为百年不朽的财务模型，是因为它所围绕的主要比率——净资产净利率是具有综合性和代表性的比率。

使用杜邦模型，还应知道企业资产的使用期，例如，企业 10 年前购置的资产的账面价值，如果没有定期进行资产评估，可能早已低于其重置价值。那么，10 年前购入资产的收益率 15%，可能还不如新购资产的收益率 10%。

（二）杜邦模型的理解

在第四章第三节“长期偿付能力分析”中讲过：

$$股东权益比率 = \frac{股东权益}{资产总额} \times 100\%$$

$$= 1 - 资产负债率$$

还讲过股东权益倍数是股东权益比率的倒数，则：

$$股东权益倍数 = \frac{资产总额}{股东权益}$$

$$= \frac{1}{1 - 资产负债率}$$

在本节前面讲过：

$$净资产净利率 = \frac{总资产净利率}{1 - 资产负债率}$$

在上一节讲过：

$$总资产净利率 = 总资产周转率 \times 营业净利率$$

联系起来即得到完整的公式：

$$净资产净利率 = \frac{总资产周转率 \times 营业净利率}{1 - 资产负债率}$$

从公式中可以看出，在净利润大于 0 的情况下，总资产周转率、营业净利率、资产负债率越大，净资产净利率就越大，这就是杜邦模型的含义。在资产负债率很大的情况下，较小的净利润也能放大净资产净利率，这是杜邦模型的缺陷。

在第五章第五节中，讲到了小米公司。小米公司虽然营业净利率极低，但总资产周转率、资产负债率极高，最后得出极高的净资产净利率。这些，都包含在上列公式中。大股东雷军闷声发大财，对外却是小米手机利润薄，没赚顾客钱，一副无私奉献的劳模形象。

当然，进行财务分析可以不使用杜邦模型。财会人员使用本书中在公式左边加粗体的重要比率，即可基本、主要地分析出企业的财务情况。

六、沃尔评分法的不可用

上面我们讲了可用可不用的杜邦模型，关键就是理解最后的公式。下面我们附带讲一下沃尔评分法，因为很多财务分析的书籍都会讲到这两样。

20 世纪初，美国银行家亚历山大 · 沃尔列出流动比率、产权比率、固定资产比率、存货周转率、应收账款周转率、固定资产周转率、自有资金周转率等 7 个指标，给定分数，以评价企业的信用水平。这些初期的评价指标体系，早已难以适用。20 世纪末，我国财政部颁布了一套企业经济效益评价指标体系，列出资产负债率等 10 个指标，给定分数，以评价企业的经济效益。

本书读到这里，你应看清这些财务比率综合评分法的不可用了。它的重大缺陷在于如何设定标准值以进行比较。但不同行业之间有重大差异，有的行业 3% 的营业净利率不为低，有的行业 15% 的营业净利率不为高；不同所有制企业之间也有重大差异，对于有些效益很好的国企，资产负债率 80% 不为高，对于有些效益较差的民企，资产负债率 40% 不为低。所以，财务比率综合评分法不可行，它要给不同行业、不同企业设定一个标准，行不通。

本章小结

1. 盈利能力是指企业获取利润的能力。
2. 反映营业盈利能力的指标主要有：毛利率、营业净利率。
3. 反映资产盈利能力的指标主要有：总资产净利率。另外还有人均创净利。
4. 反映资本盈利能力的指标主要有：净资产净利率。

复习题

1. 简述毛利率和营业净利率。
2. 简述总资产净利率和人均创净利。
3. 简述净资产净利率。
4. 简述杜邦模型中的净资产净利率公式的分解过程。

第七章

发展能力分析

企业的发展水平是企业的财务状况与盈利水平的综合体现，企业的发展与企业的利益关联方紧密相连，企业过去的情况如何、现在发展到什么状态、未来的发展趋势怎样，可以通过发展能力分析来加以评价。

企业的发展包括资产和营业规模的扩大、利润的增长、股东权益的增加等。发展能力概括了企业的盈利能力、营运能力和偿付能力，是企业实力的综合反映。通过将前后期财务报表进行对比，可以分析企业的资产、收入、利润及股东权益的增长情况，预测企业未来的发展趋势，评价企业的发展能力。

第一节　发展能力分析的意义

企业发展是指企业的发展水平和发展速度，发展能力分析主要观察企业投入要素和经营成果的发展速度，从总体上把握企业的发展趋势，为预测企业未来的发展提供依据。除此之外，还要分析企业的发展有无后劲，企业发展的原因是什么，是该企业所属行业的发展，还是依靠增加投入带来的发展，或是依靠提高管理水平，提高劳动效率带来的发展。

企业发展能力分析即是分析各项主要财务指标的增长性，主要从以下几方面来分析：

一、从整体上分析企业的发展水平

把投入、产出要素同历史水平比较，同行业水平比较，分析评价企业发展速度的快慢。如从资产、收入、利润等的增长来评价企业的发展水平。

二、相关增长率相互比较分析

例如将净利润增长率与营业收入增长率、总资产增长率对比，就可以判断企业的发展是否属于效益型增长，唯有效益增长才是真正意义上的发展。

三、分析企业发展的原因

一方面分析客观因素，如经济环境、行业的发展等，如果企业发展速度低于行业平均水平，则表明企业需要努力。另一方面分析企业自身，如果企业发展速度高于行业平均水平，则表明企业经营得力，这可以通过市场占有率、新产品销售占营业收入比率等指标来进一步分析。

不管什么原因使企业得到发展，从生产角度来看，产出的增长最终要取决于投入要素的多少和投入要素的利用效率。所以，我们还要分析产出增长的原因，是由于投入要素的数量增加带来的，还是由于投入要素的利用程度提高带来的。

企业的增长情况首先表现为规模的扩大，即总资产的增长速度，而企业的增长最终却落实在股东权益的增长上。因为规模的扩大可以是股东权益的增加，也可能是负债规模的增加，负债规模的扩大首先不是企业自有资金的增加，只是聚集了企业外部的资金，不是真正意义上的增长。此外，负债规模的扩大还要依赖于股东权益的增长，股东权益得不到增长，增加的负债也没有保障。所以，企业的发展能力首先依赖于财务状况的不断改善。

要增大股东权益的规模，关键是净利润的增长。影响股东权益变动的因素包括资本的变动和实现的利润，在这两者中，前者是股东向企业追加的投资，但一个管理效率低下和盈利能力差的企业是很难得到股东追加投资的。由此可见，企业实现的净利润才是股东权益增长的关键。而净利润的增加又依赖于销售能力的增长，只有资产运用效率高（周转速度快）、盈利能力强的企业，股东权益才能实现真正快速增长，所以企业的发展能力又依赖于管理效率和盈利能力。

企业扩张过度与停滞不前都面临高风险。企业扩张过度指的是负债过于膨胀，可见总资产不是增长越多越快就越好，这里不是指净利润增加带来的资产扩张、增长。企业实质意义的发展是净利润的增加，对净利润的追逐是市场经济运转的原动力。资产表右边负债的膨胀带动总资产的膨胀，可能将企业置于还本付息左支右绌的境地。而企业停滞不前，已有的市场份额就可能遭到竞争对手的攻击。

企业销售额、净利润以及每股净收益的增长率是发展能力分析的重点。由于普通股股票价值、预测的增长率、收益与股利变化的期望值之间关系紧密，可将这些增长率与通货膨胀率相比，以便观察企业是与通货膨胀率同步增长还是真正意义上的增长。

一般而言，增长性分析包括三个步骤：

1. 对于所分析增长率的各个变量进行数量性计量。这个量化分析用于描述隐含在数据中的增长类型，具体方法可能是简单的指数系列，也可能是复杂的数学公式。

2. 说明各种增长来源。这一步骤既包括增长来源的数量性分析，也包括质量性分析。分析的对象是各种来源之间的相互关系、企业经营特点、财务特点和所研究会计期间的外部环境。

3. 为了预测未来的增长水平和可能的财务状况与经营成果，除了使用前面所讲述的分析方法外，还应结合其他数据，如预测的行业增长率或企业管理层宣布的资本扩张计划。

最后要说明的是，发展能力分析概括了偿付能力分析、营运能力分析和盈利能力分析，是综合的分析。

第二节　发展速度分析

本节讲述发展速度分析及其所包含的增长速度分析。

一、发展速度分析

为了将财务报表各项目进行各个时期动态的横向比较分析，了解其发展程度和规律性，需要计算发展速度。发展速度是指报告期水平与基期水平之间的百分比，它说明报告期水平对比基期水平的发展程度。计算公式如下：

$$\text{发展速度}=\frac{\text{报告期水平}}{\text{基期水平}}\times 100\%$$

由于用作对比的基期不同，发展速度可分为定基发展速度、环比发展速度和平均发展速度。

（一）定基发展速度

它是指报告期水平与固定基期水平之比，表明各个不同时期的发展水平与固定基期水平相比发展到什么程度，计算公式如下：

$$\text{定基发展速度}=\frac{\text{报告期水平}}{\text{固定基期水平}}\times 100\%$$

（二）环比发展速度

它是指每个报告期水平都与其上期水平相比，说明后期与前期相比发展到什么程度，计算公式如下：

$$\text{环比发展速度}=\frac{\text{报告期水平}}{\text{上期水平}}\times 100\%$$

定基发展速度和环比发展速度之间的关系是：定基发展速度等于各环比发展速度的连乘积。

（三）平均发展速度

它是指各项目在一个较长的时期内总的平均发展水平，计算公式如下：

$$\overline{X}=\sqrt[n]{\frac{S}{P}}\times 100\%$$

式中，$\overline{X}$——平均发展速度；

n——时期数；

S——最终水平；

P——最初水平。

注意 n 的计算，例如2012—2014年度，2012年，2013年，2014年三个年度，$n=3$。错了，正确的是 $n=2014-2012=2$。

在Excel表格中开 n 次方，在空格中输入"=POWER（y，$1/n$）"，再输入 y、n 的值，即可得出 y 的 n 次方根，y 也可用例如A1代替，即取A1格数值，任意格均可以取数值。

用电脑的计算器开 n 次方，点"查看"，选"科学型"，有个"$\widehat{xy}$"键，例如计算9的开2次方根时，输入"9"，再点"$\widehat{xy}$"键，接着点"1/2 ="，即得出结果3。如果要开3次方，将2改成3即可。

应用以上 $\overline{X}$ 的计算公式，可对财务报表的任何一个项目进行增长性分析，但通常只选取一些主要项目。

A公司2012—2014年度的主要项目数据，如表7-1所示。

表7-1 A公司2012—2014年度的主要项目数据 单位：万元

项 目	2012年	2013年	2014年
流动资产	1 073 252	2 054 802	3 378 378
非流动资产	510 448	1 090 401	1 752 294
资产总计	1 583 700	3 145 204	5 130 672
流动负债	551 873	1 764 226	2 313 180
非流动负债	203 360	189 126	742 131
负债合计	755 232	1 953 351	3 055 311
股东权益合计	828 468	1 191 852	2 075 361
营业收入	1 649 588	3 395 494	5 077 630
净利润	236 996	616 403	936 155

根据表7－1的数据，计算A公司主要项目的发展速度，如表7－2所示。

表7－2 A公司主要项目的发展速度 （%）

项目	2014年比2012年定基发展速度	2013年环比发展速度	2014年环比发展速度	2012—2014年平均发展速度
流动资产	314.8	191.5	164.4	177.4
非流动资产	343.3	213.6	160.7	185.3
总资产	324.0	198.6	163.1	180.0
流动负债	419.2	319.7	131.1	204.7
非流动负债	364.9	93.0	392.4	191.0
总负债	404.6	258.6	156.4	201.1
净资产	250.5	143.9	174.1	158.3
营业收入	307.8	205.8	149.5	175.4
净利润	395.0	260.1	151.9	198.7

从定基发展速度来看，公司取得了长足的发展，发展势头良好。从环比发展速度来看，2013年发展得特别快，2014年的发展势头比上一年趋缓，连续两年均快速发展。从平均发展速度来看，公司处于高速发展的轨道上。

表7－2显示，营业收入栏目中2012—2014年的定基发展速度为307.8%，是两年前的3倍多，发展飞快。2012—2014年的平均发展速度为175.4%，打个比方说，第一年是100元，第二年是175元，第三年是308元。可见，一家大型企业正在飞速发展壮大。

发展速度分析还包含了报告期的增长量与基期水平的比较分析，我们称之为增长速度分析。

二、增长速度分析

（一）增长速度

为了分析某项经济指标报告期水平比基期或上期水平增长了百分之几或增加了若干倍，表明经济事物的增长速度，需要计算增长速度，计算公式如下：

$$定基（或环比）增长速度=\frac{定基（或环比）增长量}{定基（或环比）水平}\times100\%$$

$$=定基（或环比）发展速度-1$$

或将公式分开单列：

$$定基增长速度=\frac{报告期水平-固定基期水平}{固定基期水平}\times 100\%$$

$$环比增长速度=\frac{报告期水平-上期水平}{上期水平}\times 100\%$$

根据表 7-1 的数据，计算 A 公司主要项目的增长速度，如表 7-3 所示。

表 7-3 A 公司主要项目的增长速度 （%）

项目	2014 年比 2012 年定基增长速度	2013 年环比增长速度	环比增长速度增减	2014 年环比增长速度
流动资产增长率	214.8	91.5	-27.1	64.4
非流动资产增长率	243.3	113.6	-52.9	60.7
总资产增长率	224.0	98.6	-35.5	63.1
流动负债增长率	319.2	219.7	-188.6	31.1
非流动负债增长率	264.9	-7.0	299.4	292.4
总负债增长率	304.6	158.6	-102.2	56.4
净资产增长率	150.5	43.9	30.2	74.1
营业收入增长率	207.8	105.8	-56.3	49.5
净利润增长率	295.0	160.1	-108.2	51.9

1. 总资产增长率。

它是反映企业本期资产规模的扩大或收缩情况的比率。

表 7-3 显示，2014 年度资产规模比上年度扩大了 63.1%。

观察一家企业的规模，还要具体看资产的质量，即不良资产的多少。不良资产是企业资产中存在问题、难以参加正常生产营运的部分，主要包括 1 年以上的呆滞应收款项、积压的存货、闲置的固定资产和不良投资等。如果规模的扩大伴随着不良资产的大量增加，那么，这样的生产规模扩大无助于降低单位产品成本，不带来规模效益，具体看不良资产占总资产的比例。

2. 总负债增长率。

它是反映企业本期负债规模的扩大或收缩情况的比率。

表 7-3 显示，2014 年度负债比上年度增加了 56.4%。

3. 净资产增长率。

它是企业股东最关心的财务信息，反映股东权益保值增值的情况。在企业所有权与经营权分离的情况下，保持一定的净资产增长率是经营者对所有者基本的责任。

该比率是评价企业经济效益的主要指标之一，其数值等于0为资本保值，大于0的部分为资本增值。考虑到通货膨胀因素和货币的时间价值，等于0并不保值，而是贬值。等于多少才算是保值？我国存款利率时常低于通货膨胀率，应该等于两者中的较高者才算是保值，但通常大于0就视为增值部分。

表7-3显示，2014年度净资产比上年度增长了74.1%。

观察一家企业股东权益的保值增值，还要参照股东权益变动表，具体看股东权益的各个项目。一是企业外部，股东追加投资带来的实收资本增加；二是企业资本溢价或股本溢价、接受捐赠等带来的资本公积增加，这通常是一次性的，没有持续性；三是盈余公积与未分配利润的增加，这才是真正可持续的股东权益增长。

该比率与企业的盈利能力息息相关，一般企业赚了钱，不会全部分红分掉留存收益，从而使得净资产增长。互联网企业并未盈利，有的融资估值高，收到的投资使得净资产猛增。

4. 营业收入增长率。

它是衡量企业经营业务的市场拓展能力的重要指标，营业收入的实现是经营活动创造现金流量的前提，营业额数值大小的变化反映出企业营销能力的变化情况。

表7-3显示，2014年度营业收入比上年度增长了49.5%。

“世界500强”榜单是以年营业收入的大小来排序的，另外，如“最具潜力公司”榜单也是以年营业收入增长率来排序的。

对于传统企业来说，如果净利润不可观，那么营业收入的增长也黯然失色。对于互联网企业来说，其点击率、用户数量的增长带来广告费及其他收入的增长，直接影响企业的融资估值。

5. 净利润增长率。

它是受人瞩目的重要指标。

表7-3显示，2014年度净利润比上年度增长了51.9%。

以上指标表明，A公司高速增长，这种增长是稳健的增长。只要伴随着净利润的高增长，企业发展得再快都是稳健的，唯一要看的是净利润主要是收现的还是挂账的，以及净利润主要是由主营业务带来的，还是由别的不具持续性的项目带来的。

（二）平均增长速度

该指标的计算公式如下：

$$i=\sqrt[n]{\frac{S}{P}}-1$$

式中，i——平均增长速度；

n——时期数；

S——最终水平；

P——最初水平。

可见：

平均增长速度 = 平均发展速度 - 1

倒过来就是下列公式：

$$S=P\times(1+i)^n$$

计算结果 i 如为负数，则表明平均递减速度。

在表7－2中，我们已经计算出A公司2012—2014年度的平均发展速度，根据表7－2的数据，计算A公司的平均增长速度，如表7－4所示。

表7－4 A公司2012—2014年度主要项目的平均增长速度 （%）

项 目	平均发展速度	平均增长速度
流动资产	177.4	77.4
非流动资产	185.3	85.3
总资产	180.0	80.0
流动负债	204.7	104.7
非流动负债	191.0	91.0
总负债	201.1	101.1
净资产	158.3	58.3
营业收入	175.4	75.4
净利润	198.7	98.7

应注意的是，在第五章"营运能力分析"中我们计算平均应收账款余额等数据时，使用算术平均值。对于同一个年度的数据，简单地将各季度数值相加平均就可以了。这里我们计算几个年度的平均发展速度和平均增长速度，不使用算术平均值，例如表7－2中的非流动负债，取中间两栏环比发展速度，计算算术

平均值如下：

$$算术平均值 = \frac{392.4\% + 93\%}{2} = 242.7\%$$

以基期数与之连乘，计算如下：

203360 × 242.7% × 242.7% = 1197857

计算结果与期末值 742131 相差甚远。取表 7－2 中的非流动负债最后一栏，以基期数与之连乘，计算如下：

203360 × 191% × 191% = 742131

计算结果与期末值相符，公式是开根号，是复利发展、增长的概念。有数学兴趣的读者可以通过初始现值除以终值，求得复利现值系数，最终结果是相符的。

第三节　主要财务比率动态分析

本节讲述主要财务比率动态分析，以及使用坐标图显示发展变化情况。

一、主要财务比率动态分析

除了上一节进行的绝对数值的比较分析外，还可以进行相对数值的比较分析。我们选择 9 个分别反映偿付能力、营运能力和盈利能力的主要财务比率，根据表 3－1、表 3－2、表 3－4，计算及列示如表 7－5 所示。

表 7－5　主要财务比率

指　标	2012 年	环比增减	2013 年	环比增减	2014 年
流动比率	194.5%	－78.0%	116.5%	29.5%	146.0%
速动比率	143.4%	－62.3%	81.1%	25.3%	106.4%
资产负债率	47.7%	14.4%	62.1%	－2.6%	59.5%
应收账款周转率	4.8	0.2	5.0	－0.7	4.3
存货周转率	3.5	1.0	4.5	－0.3	4.2
总资产周转率	1.2	0.1	1.3	－0.2	1.1
营业净利率	14.4%	3.8%	18.2%	0.2%	18.4%
总资产净利率	18.4%	4.4%	22.8%	－2.7%	20.1%
净资产净利率	40.9%	17.7%	58.6%	－3.4%	55.2%

从表 7－5 可以看出，A 公司 2014 年流动比率和速动比率比上年有所上升，短期偿付能力增强。资产负债率比上年略有下降，长期偿付能力略微加强。但与前年相比，长短期偿付能力都差得多。

2014 年营运能力比上年略有下降，但与前年相比，总的来讲差不多。

2014 年盈利能力比上年略有下降，但与前年相比，还是强得多。

总的来说，A 公司 3 年来处于较为稳定的良性发展状态之中。前三项比率波动较大，但均处于良性范围之内，偿付能力基本可靠。中间三项比率波动较小，营运能力呈良性平稳态势。后三项比率，2013 年比上年有较大提升，2014 年比上年无较大波动，该公司盈利能力属超一流，是一家优秀的公司。

二、图解法

图解法是将企业连续 3 年的主要项目数据或财务比率绘制成坐标图，并根据图形走势来判断财务情况的发展变化趋势，这种方法比较形象、直观。

（一）偿付能力动态示意图

将表 7－1 的资产与负债数据绘制在坐标图中，如图 7－1 所示。

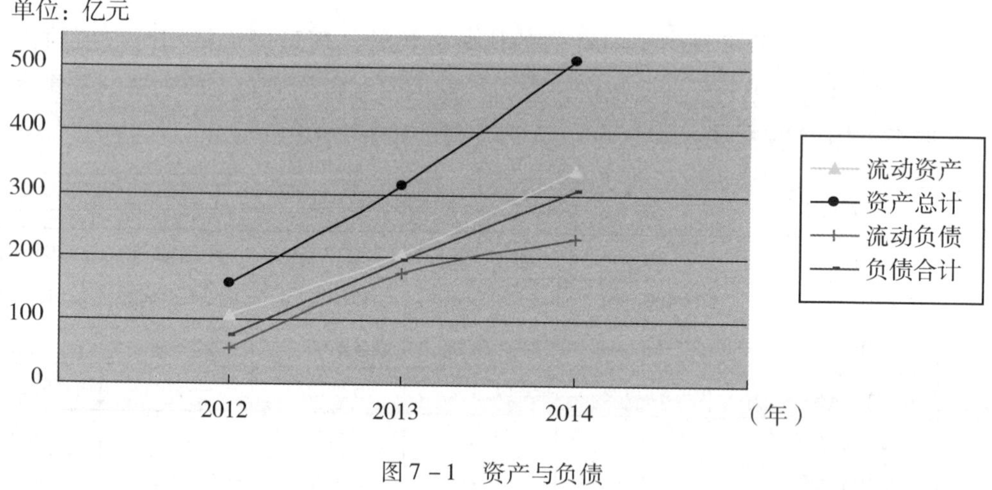

图 7－1　资产与负债

将表 7－5 的前三项比率数值绘制在坐标图中，如图 7－2 所示。

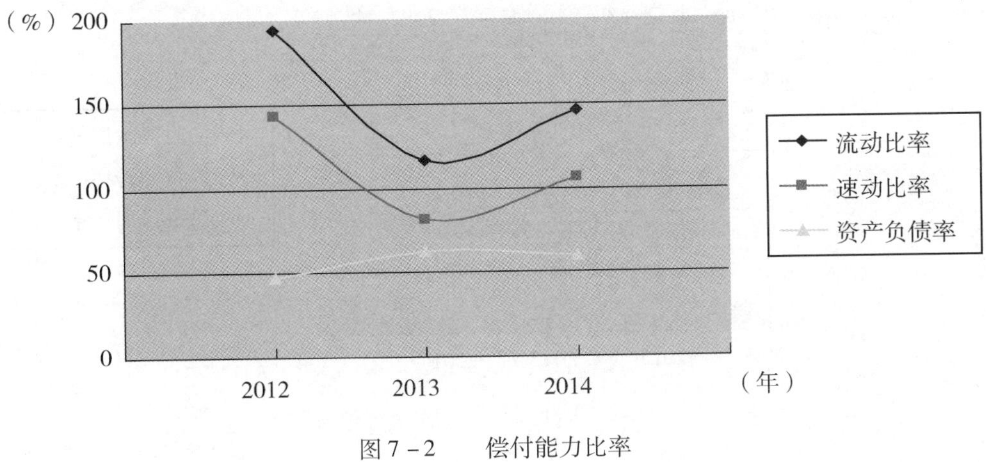

图7－2　　偿付能力比率

从上面的两个图中，我们看到结果与表7－5及表后的阐述是相同的。

(二) 营运能力动态示意图

将表3－4的几个栏目的算术平均值与表3－2的营业收入数据绘制在坐标图中，如图7－3所示。

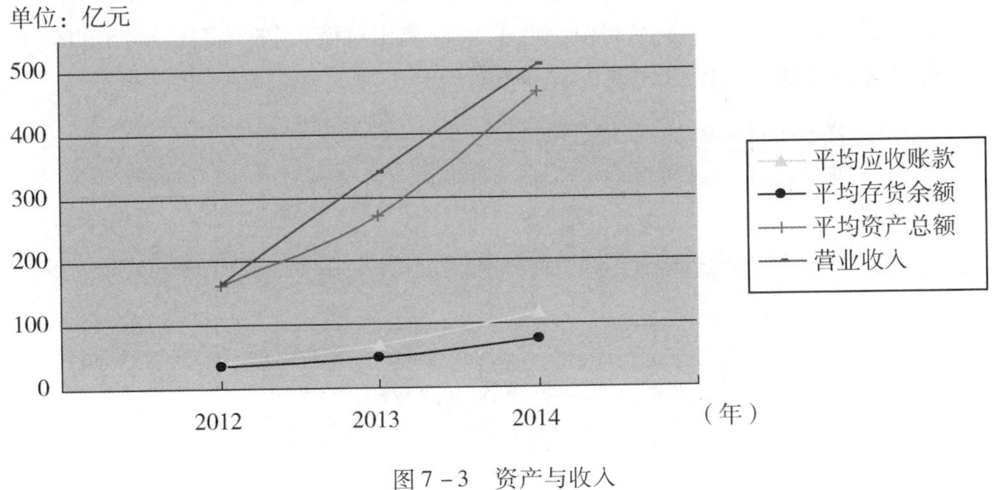

图7－3　资产与收入

将表7－5的中间三项比率数值绘制在坐标图中，如图7－4所示。

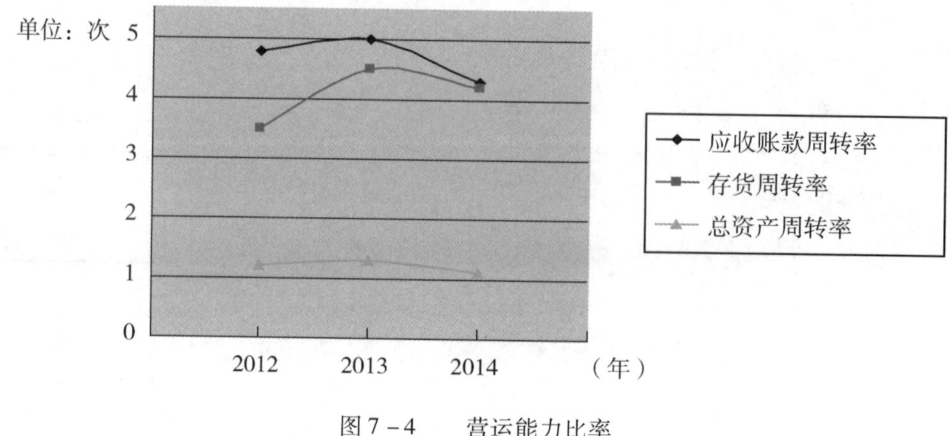

图 7－4　　营运能力比率

图中显示，应收账款周转率和存货周转率小幅度波动。在图 7－3 中，总资产线紧挨着收入线；在图 7－4 中，总资产周转率处于平稳状态。

（三）盈利能力动态示意图

将表 3－4 的资产、收入与利润数据绘制在坐标图中，如图 7－5 所示。

将表 7－5 的后三项比率数值绘制在坐标图中，如图 7－6 所示。

看图 7－5，图中是绝对值，我们来看其相对值比较。将图 7－5 的数值列表并计算环比增长速度，如表 7－6 所示。

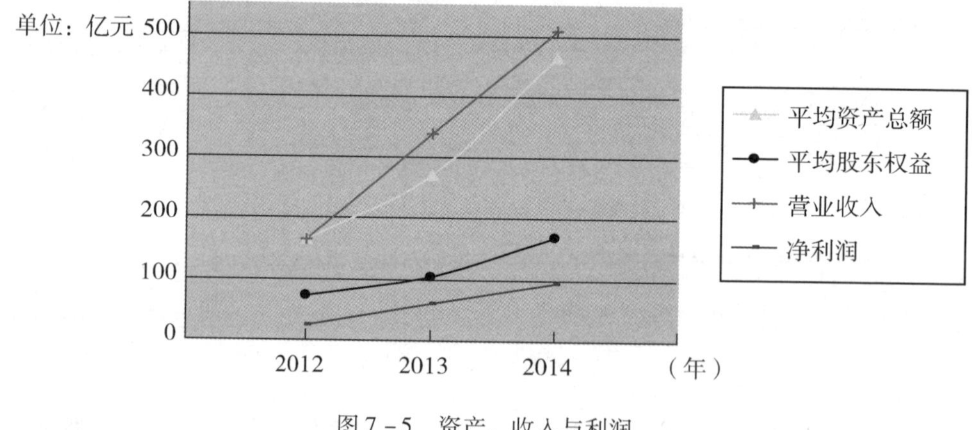

图 7－5　资产、收入与利润

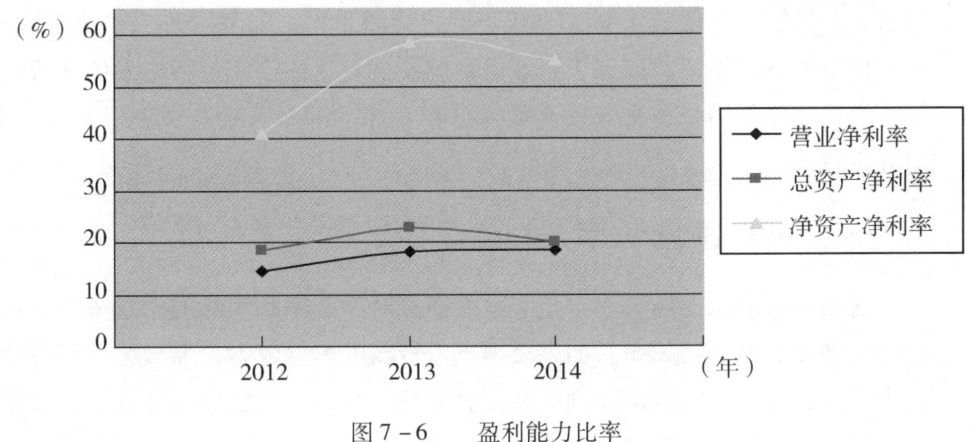

图7－6　盈利能力比率

表7－6　资产、收入与利润环比增长　单位：万元

项　目	2012年	2013年	2014年
1. 平均资产总额	164.3	270.4	465.2
2. 平均股东权益余额	73.8	105.2	169.6
3. 营业收入	165.0	339.5	507.8
4. 净利润	23.7	61.6	93.6
1. 平均资产总额环比增长率		64.6%	72.0%
2. 平均股东权益环比增长率		42.5%	61.3%
3. 营业收入环比增长率		105.8%	49.5%
4. 净利润环比增长率		160.1%	51.9%

表7－6中上半部分是绝对数值，下半部分是环比增长率，以同一序号相对应。可见，第4项净利润2013年的增长幅度大大高于营业收入和总资产，显示出极佳的规模效益增长。2014年的增长幅度略高于营业收入，但小于总资产，显示出规模效益的增长比起上一年的超快势头在放缓，但仍然显得优良。

再来看图7－6，该公司3年来一直处于高净利润率状态。

第四节　可持续增长分析

本节论述的是可持续增长的基本概念。

可持续增长是先制定一个计划中的可持续增长率，作为一项财务战略规划。

通常，公司实际的增长率高于或低于可持续增长率，财务管理人员可采取措施，向可持续增长率靠拢，以利于企业的稳健发展。这些措施包括增发股票或回购股份、提高或降低借贷资本、提高或降低派息率、非核心业务剥离、外购、兼并、对外投资等。

一、可持续增长率

这是一个虚拟的增长率，与实际的净资产净利率和实际的派息率不一致，它是公司潜在的最大增长率。如果公司不发行新的权益股本，那么公司潜在收益增长率的最大值就是净资产净利率和派息率的一个简单的数学表达式。什么是派息率，详见第九章第三节“市盈率与市净率”。

例如，2014 年度某公司净收益是 2 亿元，年初净资产为 20 亿元，永续派息率为 50%。可见，公司留存净收益为 1 亿元，公司年末净资产为 21 亿元。如果下一年持续 10% 的净资产净利率，则净收益将会上升到 2.1 亿元，也就是年初净资产 21 亿元的 10%。如果公司赚取的净收益继续是年初净资产的 10%，并继续保持 50% 的派息率，这一 5% 的净收益增长率将会每年持续下去。

用公式表达如下：

$$B = ROE \cdot \left(1 - \frac{C}{E}\right)$$

式中，B——每年净收益增长率或可持续增长率；

ROE——年初净资产净利率；

$\frac{C}{E}$——派息率；

C——每年优先股、普通股的股利；

E——每年净收益；

$1 - \frac{C}{E}$——留存净收益率，等于 1 - 派息率。

如果公司准备保持一项确定的净收益增长率，可以通过净资产净利率和派息率之间的组合来达到目的。例如，如果净资产净利率下跌到 7.3%，而公司准备保持 5% 的净收益增长率，可将派息率下调至 31.5%，即 $0.073 \times (1 - 0.315) = 0.05$。

以上公式可进一步扩展，表示为每年留存收益的变化除以年初净值：

$$B = \frac{E \cdot \left(1 - \frac{C}{E}\right)}{OE} = \frac{\Delta RE}{OE}$$

式中，B——每年净收益增长率或可持续增长率；

E——每年净收益；

C——每年股利；

ΔRE——当年留存净收益变化；

OE——年初净资产。

二、普通股每股净收益增长

公司制定的普通股每股净收益增长目标受债务政策、派息率、市场决定的利息率和新的投资回报率的影响，可以借助可持续增长率公式来分析这些变量和每股净收益增长之间的关系。什么是每股净收益，详见第九章第二节“每股净利润与每股股利”。

下列增长等式基于如下假设：公司下一年的普通股每股净收益等于今年的每股净收益加上公司留存净收益取得的利润，再加上通过留存净收益而增加的借贷资本产生的收入，同时减去增量借贷资本的支出。计算公式如下：

$$Eps_{t+1} = Eps_t + Eps_t \cdot b \cdot r + Eps_t \cdot b \cdot \frac{C}{E} \cdot (r - i)$$

式中，b——留存净收益率，等于1－派息率；

r——增量资本投资税后回报率；

$\frac{C}{E}$——产权比率；

i——税后利息率。

例如，假设今年的普通股每股净收益是0.3元，公司以股利形式支付50%的利润，增量资本投资税后回报率为10%，产权比率为2倍，债务税后利息率是5%。通过以上公式，我们可以知道，公司下一年的每股净收益是0.33元。

$$0.33 = 0.3 + 0.3 \times 50\% \times 10\% + 0.3 \times 50\% \times 2 \times (10\% - 5\%)$$

式中，下年每股净收益——0.33；

今年每股净收益——0.3；

留存净收益增量利润——0.3×50%×10%；

增量借贷资本的增量利润——0.3×50%×2×（10%－5%）。

每年净收益增长率也可以采用下列公式直接计算：

$$B = b \cdot r + b \cdot \frac{C}{E} \cdot (r - i)$$

另外，如果想计算用于取得某一具体的普通股每股净收益的留存净收益率，可用如下公式：

$$b = \frac{B}{r + \frac{C}{E} \cdot (r - i)}$$

本章小结

1. 发展能力分析主要观察企业投入要素和经营成果的发展速度，企业的发展能力依赖于企业的管理效率和盈利能力。

2. 发展能力分析主要分为：发展速度分析、增长速度分析、主要财务数据分析和主要财务比率动态分析。

3. 可持续增长率是一个虚拟的增长率。

复习题

1. 发展能力分析的重点是什么？

2. 发展能力分析中的主要财务比率动态分析可选择哪些比率？

3. 复述可持续增长率的公式。

第八章

现金流量分析

现金为王是财务管理活动的重要定律，企业价值最大化也可以说是经营活动现金流入的最大化，经营活动创造的现金流入越多、时期越长，企业价值就越大，经营现金流入是企业价值及其最大化理念的核心。

第一节 现金流量的意义

企业拥有一定数量的现金，是维持正常偿付能力，避免财务风险，保证经营顺利的必要条件。对于财务报表的使用者，无论是对于企业的股东、管理层、债权人、政府有关部门还是其他使用者来说，现金流量分析都具有重要的意义。通过现金流量分析，可以了解企业本期及以前各期现金的流入、流出及结余情况，正确评价企业当前及未来的偿付能力，发现企业在财务方面存在的问题，正确评价企业当期及以前各期取得的利润的质量，合理预测企业未来的财务状况，从而为最优决策提供充分的、有效的依据。

现金流量在很大程度上决定着企业的生存和发展，即使企业有盈利能力，但如果现金周转不畅、调度不灵，也将严重影响正常的生产经营。现金流量表以静态与动态相结合，反映财务管理中十分重要的现金流量信息。

国际上有一项统计，很大一部分企业之所以破产并非不具备盈利能力，而是不能够清偿到期债务所致，即“黑字倒闭”。对于多元化经营的企业集团，尤其要注意各个项目、不同时期资金的互补性，因为保持一条稳定的经营现金流是企业的生命线。企业家应知晓企业的资金状况，有时要减缓扩张，舍弃“机遇”。应该注意，短期内大举投资在资金不能有效互补的项目上，可能导致资金链断裂，这方面有很多失败的案例。企业拥有一定数量的现金，并注意资产的变现能力，是会计上稳健性的原则要求。

一、现金循环与存量

（一）现金循环

在第五章第二节“流动资产营运能力分析”中讲到“营业周期 = 存货平均周转天数 + 平均收账期”，现金循环要讲到现金周转期，如图 8 – 1 所示（见下页）。

可见：

现金周转期 = 营业周期 – 应付账款周转期

其中：

$$应付账款周转期 = \frac{平均应付账款余额}{赊购额} \times 360$$

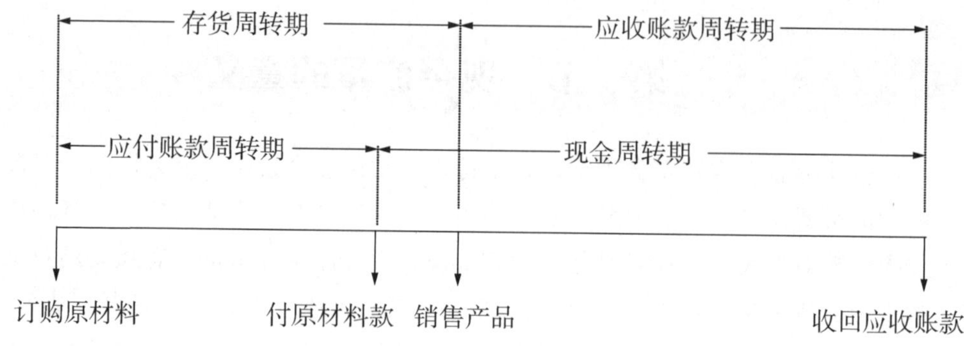

图 8－1 现金周转期

现金周转期处于支付原材料货款和应收账款收现之间，缩短营业周期就可以缩短现金周转期。

（二）现金存量

财务学理论上现金存量的确定方法主要有：鲍摩尔模型和米勒—奥尔模型，这些复杂的模型在实际工作中难以使用。现金存量如何确定，请参看第四章第二节“短期偿付能力分析”中对现金比率的讲述。

1997—1998 年亚洲金融危机和 2007—2009 年西方金融危机，除了华尔街的极少数人，各国官员、学者、企业家并不能够预知危机的发生，更不知其范围、烈度，长期的繁荣景象之下酝酿着不可知的风险。据美国《财富》杂志报道，美国中小企业平均寿命不到 7 年，大企业平均寿命不足 40 年。而中国，中小企业的平均寿命仅 2.5 年，集团企业的平均寿命仅 7～8 年。美国每年倒闭的企业约 10 万家，而中国有 100 万家。不仅企业的生命周期短，能做大做强的企业更是少数。企业要有清醒的风险意识，常年保持一定的现金存量，尤其是在经济萧条时期，更多的现金储备是企业生存的保障。

二、现金流量表的产生

现金流量表产生的动因主要是权责发生制的局限性，财务会计是以权责发生制为基础的，然而，权责发生制在反映盈利性和流动性方面，存在如下缺陷：

1. 从盈利性方面来看，权责发生制对一些未收到的收入予以确认，不能真实反映企业的实际收入，带有一定的风险性。另外，这部分营业收入是在货币没有回笼的情况下确定的，它将不同程度地对税收和分配等许多环节产生不良的连锁反应，从而导致账面虚收，分配超前。例如，有的企业很大一部分收入不是现金收入而是账面收入，账面利润实际并未到位，在缴纳企业所得税时，就不得不垫付资金，同时可能因为坏账准备相对偏低，造成高估收入而多交税金。同样，企业在提取法定盈余公积金，以及其他分配税后利润时也会面临尴尬的处境。

2. 从流动性方面来看，权责发生制将应收账款、预付款项、其他应收款、存货等均确认为流动资产，显然，这些流动资产有的流动性较差，有的甚至无法流动，使企业的流动性含有水分。

3. 权责发生制反映出的资金运动是理论上的，与实际资金运动不尽相符。固定资产的财务核算就是典型的一例。在购置固定资产时支付了现金，但这些支出当时并不构成成本费用，以权责发生制计算的净利润大于真正可用于分配或扩大再生产的现金数。当计提固定资产折旧时，折旧费纳入当期损益，并从销售中回收，但是，计提固定资产折旧并未减少当期的现金，以权责发生制计算的净利润又小于实际可动用的现金数。

4. 权责发生制中的主观判断因素例如折旧等费用的分摊，使得人们对净利润等指标的准确性产生了怀疑。利润操纵是企业在编制利润表时极有可能存在的行为，实际上，利润指标较易在做账过程中进行操纵，相比之下，经营活动现金流入指标更为可信。

权责发生制集中表现在收入实现原则和配比原则上，按照权责发生制，一个期间内的利润是指该期间内确认的收入和与这些收入相配比的费用的差额。一个期间内的收入与该期间内从客户手中收到的货币资金是不相等的，同样，期间内的费用与该期的现金支付也是不相同的。由于权责发生制无法客观地描述现金的来源与运用的动态过程，人们就用现金收付制来弥补权责发生制的不足，于是产生了现金流量表。现金流量表既不适用收入概念，也不适用配比概念，它不受企业本期应计收入、应计费用和其他应计项目的影响。

三、经营活动现金净流量与净利润的差异

（一）影响利润的事项不一定同时发生现金流量

有些收入增加利润但未发生现金流入。例如，某企业本期新增的营业收入为1亿元，同时这1亿元都是新增的应收账款，这种收入及利润增加但未发生现金

流入的事项，是造成两者产生差异的原因之一。

有的企业对应收账款管理存在薄弱环节，未及时做好应收货款及劳务款项的催收与结算工作；也有的上市公司依靠关联方交易支撑其经营业绩，而关联方资金又迟迟不到位。这些情况造成的后果，在现金流量表中都会体现，甚至使企业经营活动没有多少现金流入，但经营总要支付费用、购买物资、交纳税金，发生大量现金流出，从而使经营活动现金净流量出现负数，企业的资金周转发生困难。应收账款迟迟不能收回，在一定程度上也暴露了所确认收入的风险问题。

有些成本费用，减少利润但并未伴随现金流出。例如固定资产折旧、无形资产摊销，只是按权责发生制、配比原则要求，将这些资产的取得成本在使用它们的受益期间合理分摊，并不需要支付现金。

（二）对现金流量分类的需要

净利润总括反映企业经营、投资及筹资三大活动的财务成果，而现金流量表则需要分别反映经营、投资及筹资活动的各项现金流量。

例如支付经营活动借款利息，既减少利润又发生现金流出，但在现金流量表中将其作为筹资活动现金流出列示，不作为经营活动现金流出反映。又如转让短期债券投资取得净收益，既增加利润又发生现金流入，但在现金流量表中将其作为投资活动现金流入列示，不作为经营活动现金流入反映。

第二节　现金流量单期结构分析

在第三章第三节，我们讲述了财务报表纵向结构分析。对现金流量表进行结构分析，是指分析现金流量的各项构成，通过对各项目同选定的一个基数的百分比，来显示现金流量的比重关系。

进行现金流量结构分析，可以揭示现金流入主要从哪里来，现金流出主要用到哪里去，现金余额是怎样形成的，从而了解企业现金的来龙去脉和现金收支构成，评价企业创造和运用现金的能力。现金流量的结构可以分为现金流入结构、现金流出结构和余额结构。

一、现金流入结构

现金流入结构是计算经营活动、投资活动、筹资活动的现金流入占全部现金流入的百分比，从中可以看出企业的现金主要从哪里来。

通常，经营活动现金流入占总现金流入比重大的企业，经营状况良好，现金流入结构合理。主营业务突出、收入稳定增长是企业经营良好的重要标志。

根据表3－3，计算A公司2014年度的现金流入结构，如表8－1所示。

表8－1 A公司2014年度的现金流入结构表

项　目	金额（万元）	结构百分比（%）	
经营活动现金流入	5 383 229	68.2	100
其中：销售商品、提供劳务收到的现金	5 257 022		97.66
收到的税费返还	14 623		0.27
收到其他与经营活动有关的现金	111 584		2.07
投资活动现金流入	33 326	0.4	100
其中：收回投资收到的现金	973		2.92
取得投资收益收到的现金	13 108		39.33
处置固定资产、无形资产和其他长期资产收回的现金净额	11 715		35.15
收到其他与投资活动有关的现金	7 530		22.59
筹资活动现金流入	2 479 680	31.4	100
其中：吸收投资收到的现金	300		0.01
取得借款收到的现金	2 479 380		99.99
现金流入合计	7 896 235	100	

将表8－1的主要项目用图8－2表示如下：

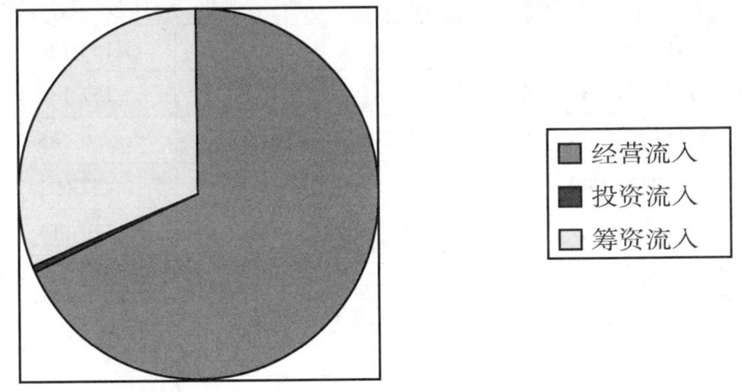

图8－2 A公司2014年度的现金流入结构图

从表8－1、图8－2中可以看出，在全部现金流入中，主要是经营活动流入，经营活动提供了主要的现金来源。其次是筹资活动流入，投资活动的流入很微小，这里3亿多元对于大型企业来说是巨款，但在A公司这样的特大型企业的财务分析中可以忽略。

这三者的大小怎么看？经营活动现金流入大当然好，但有时企业通过股东增资，发行股票、债券，向银行贷款等，大举筹资扩张，可能当年度筹资活动现金流入更大。如果投资活动现金流入更大，企业成了投资公司，也可能企业现金很多，主业经营一时用不上，就用于投资谋利。所以，对这三者需要具体情况具体分析。

在经营活动的现金流入中，绝大部分来自销售商品、提供劳务，这是经营状况良好的一个标志，企业要增加现金流入，主要还是要靠增加营业收入。在筹资活动的现金流入中，几乎全部都是借款。

二、现金流出结构

现金流出结构是计算经营活动、投资活动、筹资活动的现金流出占全部现金流出的比重，从中可以看出企业的现金主要用往何处。

通常，经营活动现金流出占总现金流出比重大的企业，其现金流出主要用于开展主营业务，现金流出结构合理。

根据表3－3，计算A公司2014年度的现金流出结构，如表8－2所示。

表8－2　A公司2014年度的现金流出结构表

项　　目	金额（万元）	结构百分比（%）	
经营活动现金流出	5 155 326	68.2	100
其中：购买商品、接受劳务支付的现金	3 757 134		72.9
支付给职工以及为职工支付的现金	360 785		7.0
支付的各项税费	457 691		8.9
支付其他与经营活动有关的现金	579 716		11.2
投资活动现金流出	827 345	10.9	100
其中：购建固定资产、无形资产和其他长期资产支付的现金	713 557		86.2
投资支付的现金	14 533		1.8
取得子公司及其他营业单位支付的现金净额	5 938		0.7
支付其他与投资活动有关的现金	93 317		11.3

续表

项　　目	金额（万元）	结构百分比（%）	
筹资活动现金流出	1 579 512	20.9	100
其中：偿还债务支付的现金	1 403 429		88.8
分配股利、利润或偿付利息支付的现金	165 711		10.5
支付其他与筹资活动有关的现金	10 372		0.7
现金流出合计	7 562 183	100	

将表 8－2 的主要项目用图 8－3 表示如下：

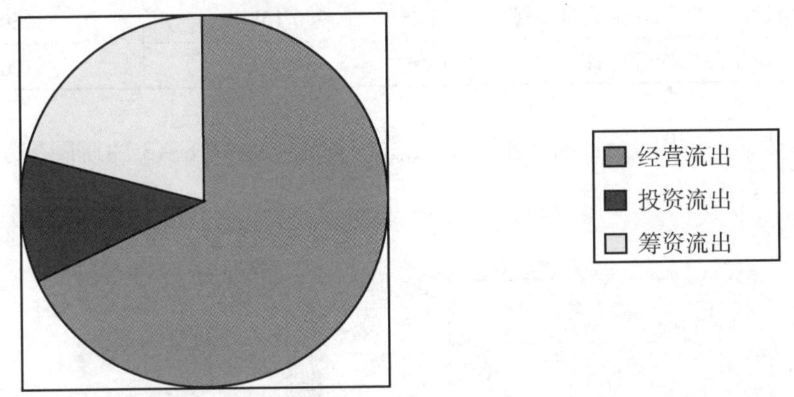

图 8－3　A 公司 2014 年度的现金流出结构图

从表 8－2、图 8－3 中可以看出，在全部现金流出中，主要是经营活动流出，经营活动占用了主要的现金用途，其次是筹资活动流出，投资活动流出占的份额大约是筹资活动的一半。

在经营活动现金流出中，大部分用于购买商品、接受劳务，这是经营状况良好的一个标志。筹资活动现金流出主要用于偿还债务本金。投资活动现金流出主要用于购建固定资产、无形资产和其他长期资产，即用于扩大再生产，金额达到 71 亿多元，可以预期未来的产能会扩大。

三、现金流量净增加额结构

它是计算经营活动、投资活动、筹资活动的现金流量净额占全部现金流量净增加额的比重，从中可以看出企业的现金流量净增加额是怎么构成的。这里忽略汇率变动对现金及现金等价物的影响，因其数额相对微小，对结构百分比产生的微小影响予以剔除，使报表分析更为简洁，计算出来的现金流量净增加额数值与现金流量表的现金及现金等价物净增加额数值有微小的差异。可在表下加一行文字，说明该项剔除。

根据表3-3，计算A公司2014年度的现金流量净增加额结构，如表8-3所示。

表8-3 A公司2014年度的现金流量净增加额结构表

项 目	金额（万元）	结构百分比（%）
经营活动产生的现金流量净额	227 903	68.2
投资活动产生的现金流量净额	-794 019	-237.7
筹资活动产生的现金流量净额	900 168	269.5
现金流量净增加额合计	334 052	100

表8-3中的金额有正有负，无法用图8-2、图8-3的饼图表示，可用柱形图8-4表示如下：

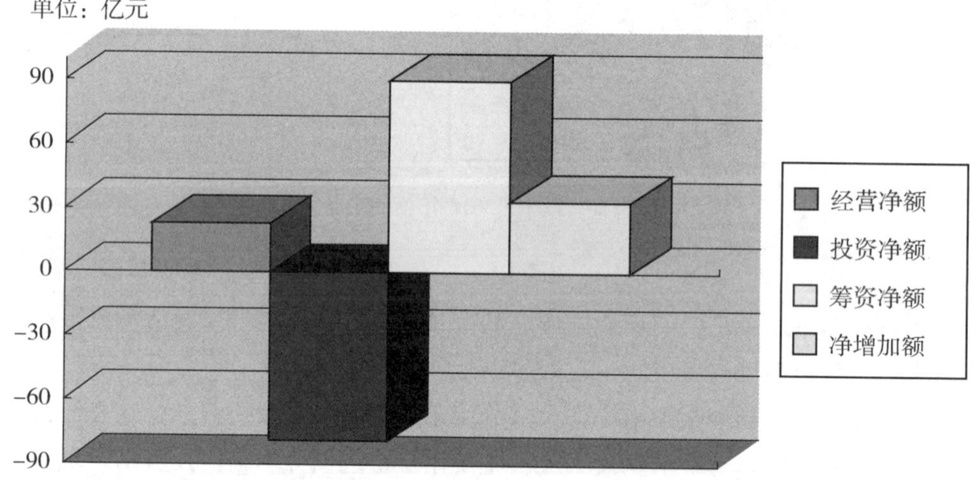

图8-4 A公司2014年度的现金流量净增加额结构图

从表8-3、图8-4中可以看出，经营活动产生的现金流量净额为正数，通常这一数值为正数才算正常，如果是负数则表明货卖得少而材料买得多，或者其他项目产生的异常情况。投资活动产生的现金流量净流出较多，主要是购建固定资产、无形资产和其他长期资产，而该项支出主要由筹资活动来支付。筹资活动产生的现金流量净额较多，对于产生现金流量净增加额33.4亿元起到主导作用。

四、各项现金流量净额

一般来说，经营活动产生的现金流入突出、稳定增长是企业经营良好的重要标志，经营活动产生的现金流量净额越大，表明企业自身创造现金的能力越强，偿付能力和对外筹资能力也越强，企业经营也就越成功、越稳健。经营活动产生的现金流量净额越小，或为负数，可能是企业销售不畅、库存积压，或货款回笼迟缓等，表明企业经营不善。因为企业通常不会一下子买多原材料，使得经营活动现金流量净额变小。

投资活动产生的现金流量净额大，反映出企业的投资获得良好的回报，但如果主要是由处置非流动资产引起的，可能是企业处境不佳，以此来筹措资金；也可能是企业调整资产结构，具体情况可从资产表和利润表上看出。

筹资活动产生的现金流量净额大，可能是借款引起的，企业将面临还本付息；也可能是增发股票引起的，企业将面临增付股利。这都意味着企业未来的现金偿付能力必须更强。

本例中投资活动产生的现金流量净流出是购建固定资产、无形资产或其他长期资产引起的，表明企业在更新或扩张，可以预期企业未来可能会有更大的经营活动现金流入。筹资活动产生的现金流量净额主要是由于借款多于还债产生的，这不表示企业未来的财务风险变大，还要对照资产表的左方资产方的变化情况，在第四章“偿付能力分析”中讲的比率，资产的栏目和负债的栏目互为分子或分母。

对于经营活动、投资活动和筹资活动的现金流量，要综合起来看，三者是互动的关系。经营活动现金流量净额应是正数，对于一家正处于扩大再生产的企业来说，投资活动现金流量净额可为负数，筹资活动现金流量净额或正或负，现金流量净增加额可正可负。有的上市公司为了避免本年度现金流量净增加额为负数或太小，而在期末之前向银行借入贷款，使之为正数。但对于财务分析而言，不是说现金流量净增加额为正数就好，为负数就不好。例如有的企业大搞扩建，投资活动现金流出很多，导致现金流量净增加额为负数，须动用期初现金余额即上年度结存现金，但企业负债率不高，营运正常，有盈利，在这种情况下，就不能说现金流量净增加额为正数就好，为负数就不好。又如有的企业负债率很高，周转慢，亏损，此时现金流量净增加额为负数是否雪上加霜，也不尽然，要看具体的财务报表项目和相关资料，可能是企业投资有盈利前景的产品线，也可能是企业大笔还债，减轻负担，所以不能说现金流量净增加额为正数就好，为负数就不好。

在表8－3、图8－4的4项净额中，只有第1项经营活动产生的现金流量净额应为正数，而且注意在经营活动的现金流入中，是否主要来自销售商品、提供劳务，在经营活动现金流出中，是否主要用于购买商品、接受劳务。经营活动现金流量净额如果是负数，除非有的行业情况特殊，材料或商品紧俏，大量购买囤积，否则这一负数与利润表的净利润为负数一样，显示企业经营不善。有的上市公司因为这一数值不妙而对之进行伪饰，例如年底前与一些客户协商或给予折扣，提前收回货款；又如年底前的一些大宗采购推迟到明年初付款，或者开具承兑汇票购货，资产表左方存货增加，右方应付票据增加，而货币资金不动，不反映为经营活动现金流出。经营活动现金流量净额应为正数，看上去是越大越好，但不能绝对化，例如年底前多付了几笔材料款，这一数值就会缩小，它不同于净利润，净利润越大越好。

第三节 现金流量连续结构分析

我们将连续三年的现金流量放在一起进行比较，可以了解企业现金流量结构的变化及发展趋势。

一、连续现金流入结构

根据表3－3，计算A公司2012—2014年度的现金流入合计数，如表8－4所示。

表8－4 A公司2012—2014年度的现金流入合计数 单位：万元

项 目	2012年	2013年	2014年
经营活动现金流入	2 016 450	3 814 941	5 383 229
投资活动现金流入	22 332	106 486	33 326
筹资活动现金流入	449 168	699 445	2 479 680
现金流入合计	2 487 950	4 620 872	7 896 235

根据表8－4的数据，计算A公司2012—2014年度的现金流入结构，如表8－5所示：

表 8－5　A 公司 2012—2014 年度的现金流入结构表　（%）

项　目	2012 年	2013 年	2014 年
经营活动现金流入	81.0	82.6	68.2
投资活动现金流入	0.9	2.3	0.4
筹资活动现金流入	18.1	15.1	31.4
现金流入合计	100	100	100

表 8－5 可用图 8－5 表示如下：

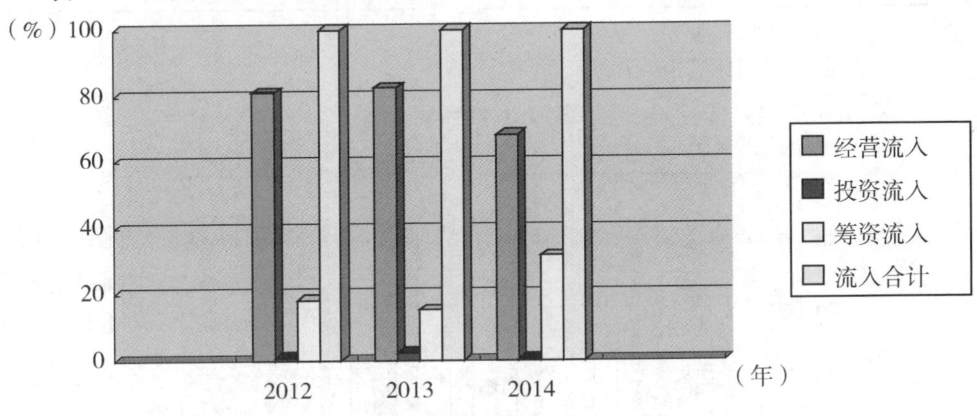

图 8－5　A 公司 2012—2014 年度的连续现金流入结构图

从表 8－5、图 8－5 中可以看出，在全部现金流入中，经营活动取得的现金流入占主要比重，2014 年有所下降。投资活动的现金流入占的比重微不足道，可以忽略不计。筹资活动的现金流入的比重在 2014 年有所上升，说明公司对于筹资的依赖性加强。

二、连续现金流出结构

根据表 3－3，计算 A 公司 2012—2014 年度的现金流出合计数，如表 8－6 所示。

表 8－6　A 公司 2012—2014 年度的现金流出合计数　单位：万元

项　目	2012 年	2013 年	2014 年
经营活动现金流出	1 548 457	3 140 028	5 155 326
投资活动现金流出	228 152	783 899	827 345
筹资活动现金流出	622 539	617 563	1 579 512
现金流出合计	2 399 148	4 541 490	7 562 183

根据表8-6的数据，计算A公司2012—2014年度的现金流出结构，如表8-7所示。

表8-7　A公司2012—2014年度的现金流出结构表　（%）

项　目	2012年	2013年	2014年
经营活动现金流出	64.5	69.1	68.2
投资活动现金流出	9.5	17.3	10.9
筹资活动现金流出	25.9	13.6	20.9
现金流出合计	100	100	100

表8-7可用图8-6表示如下：

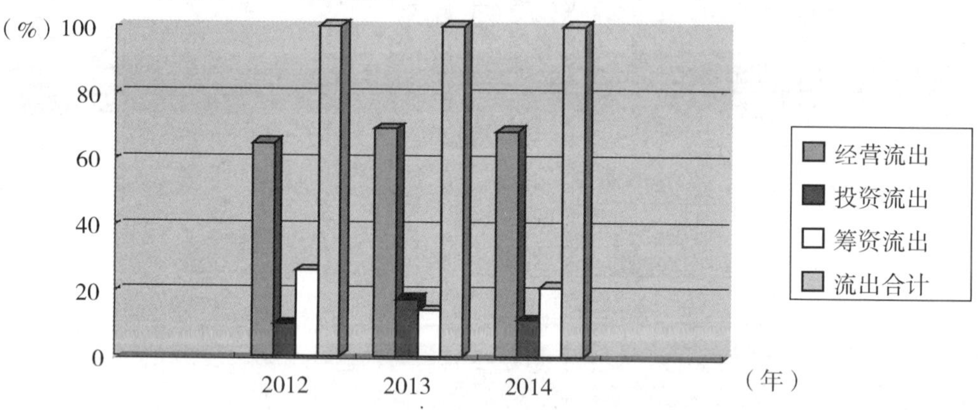

图8-6　A公司2012—2014年度的连续现金流出结构图

从表8-7、图8-6中可以看出，在全部现金流出中，经营活动的现金流出占主要比重，且较为平稳。投资活动的现金流出占的比重在2014年比上年略有下降，我们来看表8-6，绝对数略大于上年，但因为总体规模远大于上年，所以结构百分比呈现下降。筹资活动的现金流出的比重在2014年比上年略有上升，我们来看表8-6，绝对数高达约158亿元，约是上年的2.6倍。

三、连续现金流量净增加额结构

根据表3-3，计算A公司2012—2014年度的现金流量净增加额，如表8-8所示。

表8－8　A公司2012—2014年度的现金流量净增加额　　单位：万元

项　目	2012年	2013年	2014年
经营活动现金流量净额	467 993	674 912	227 903
投资活动现金流量净额	－205 820	－677 414	－794 019
筹资活动现金流量净额	－173 371	81 882	900 168
现金流量净增加额合计	88 802	79 380	334 052

根据表8－8的数据，计算A公司2012—2014年度的现金流量净增加额结构，如表8－9所示。

表8－9　A公司2012—2014年度的现金流量净增加额结构表　　（%）

项　目	2012年	2013年	2014年
经营活动现金流量净额	527. 0	850. 2	68. 2
投资活动现金流量净额	－231. 8	－853. 4	－237. 7
筹资活动现金流量净额	－195. 2	103. 2	269. 5
现金流量净增加额合计	100	100	100

表8－9可用图8－7表示如下：

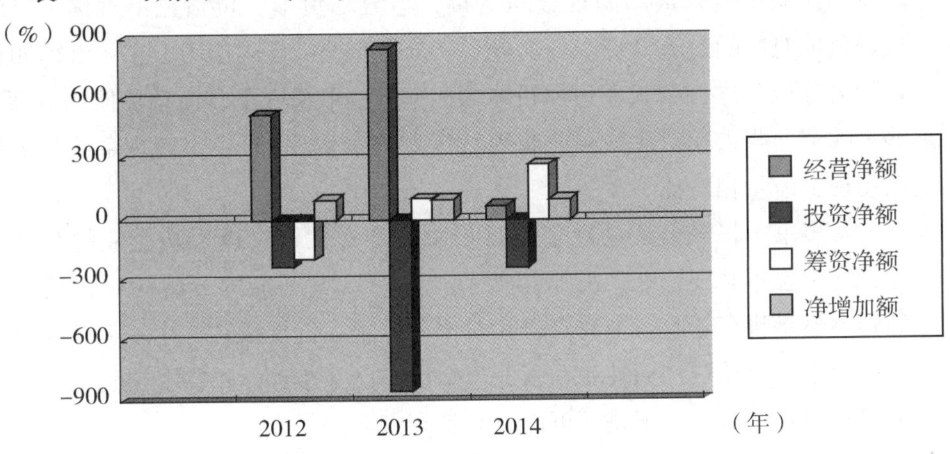

图8－7　A公司2012—2014年度的连续现金流量净增加额结构图

从表8－9、图8－7中可以看出，2014年主要靠筹资活动来支付投资活动收支的差额，2013年主要靠经营活动来支付投资活动收支的差额，2012年主要靠经营活动来支付投资活动和筹资活动收支的差额。三个年度现金流量净增加额均为正数，无须动用上年度结存现金。2014年度现金流量净增加额约为33亿元，加上上年度结存现金即表3－3“期初现金及现金等价物余额”约49亿元，“期末现金及现金等价物余额”高达约82亿元，相对于其总资产和负债规模，现金是充裕的。

本节列出的是现金流量表的小计、合计数，并介绍分析的方法。因为页面大小有限，读者可在Excel表格中，与上一节合二为一，例如表8－1、表8－2，在右边增加列，增加两年的数值，一并进行观察。

第四节　现金流量比率分析

本节讲述现金流量分析的三个有用的比率，读者需要掌握。

一、现金流量比率

现金流量分析使用的比率，主要是考察销售商品或提供劳务收到的现金和经营活动产生的现金流量净额。

很多书中将经营活动现金流量与流动负债、负债对比，用以反映企业的现金偿付能力，这个不太靠谱。经营活动的现金流入，对应着经营活动的现金流出，两者的差额即经营活动的现金净流量，与流动负债、负债也不对称。与流动负债、负债对应的是流动资产、总资产。分析企业的偿付能力，主要看第四章“偿付能力分析”中在公式左边加粗体的比率。一般情况下，流动负债、负债不与利润表的营业收入相对比（营业收入对应着成本费用），也不与现金流量表的经营活动现金流量相对比。

很多书中将经营活动现金流量与总资产对比，用以反映企业的获现营运能力，这个也不必要。在第五章第四节“总资产营运能力分析”中讲述了总资产周转率，是将营业收入与总资产相对比。这里我们要讲述一个重要比率——营业现金比率，有总资产周转率和营业现金比率已经足够，不需要再将经营活动现金流量与总资产对比，不是不可以，只是有点多余。

现金流量分析有用的是以下三个比率，用以反映企业的营业收现状况、盈利的现金含量和销售的现金收入增长状况。

（一）营业现金比率

它是以销售商品或提供劳务收到的现金与营业收入相比较，反映企业营业收入的收现能力，大致说明企业的销售质量及货款回笼情况。

该指标的计算公式如下：

$$\text{营业现金比率} = \frac{\text{销售商品或提供劳务收到的现金}}{\text{营业收入}} \times 100\%$$

这一比率可能大于1，也可能小于1。绝大多数企业都不是现金销售，存在应收账款，使得分子与分母存在时间上的差异，通常上期的销售有一部分在本期收款，本期的销售有一部分在下期收款。该比率是拿一个现金收付制的指标与一个权责发生制的指标做对比，只是用于做出一个大致的说明。

营业收入的现金含量越多，营业收入的质量就越高，同时表明企业的回款能力强。在赊销政策无重大变化、应收账款正常回收时，该指标值应为1左右。该比率越大，表明货款回收越多，发生坏账损失的风险越小，对应收账款的管理越好；该比率小，表明企业的营业周期会被拉长，应收款项积压，加大了企业的短期融资需求和资金调度压力。

根据表3－2、表3－3，计算A公司2012—2014年度的营业现金比率，如表8－10所示。

表8－10 A公司2012—2014年度的营业现金比率 （%）

项　目	2012年	2013年	2014年
营业现金比率	100.7	109.9	103.5

计算结果表明，A公司连续三年营业现金比率均大于1，营业收入的收现状况很好。

（二）盈利现金比率

以现金获得的盈利，才是企业真正获得的可以支配的净收益。这一指标是以经营活动产生的现金流量净额与净利润相比较，反映企业净利润的收现水平。

该指标的计算公式如下：

$$\text{盈利现金比率} = \frac{\text{经营活动产生的现金流量净额}}{\text{净利润}} \times 100\%$$

盈利现金比率越大，表明净利润的现金含量越高，可供企业支配的货币量越大，企业的偿付能力越强，盈利质量也就越高。一般情况下，该比率大于1，表明盈利质量高；若比率小于1，则表明存在大量应收账款，利润质量较差，或者利润中含有大量投资收益，主营业务盈利能力较差。这一比率只有在企业经营正常，既能创造利润又能获得现金净流量时才可以计算。为了与经营活动现金净流量计算口径接近，可将净利润指标剔除投资收益、加回筹资费用。

在会计核算上，权责发生制下的净利润并不等于收付实现制下的经营活动现金流量净额。在正常情况下，净利润越多，经营活动产生的现金流量净额也就越多。

根据表3－2、表3－3，计算A公司2012—2014年度的盈利现金比率，如表8－11所示。

表8－11　A公司2012—2014年度的盈利现金比率　（%）

项　目	2012年	2013年	2014年
盈利现金比率	154.8	109.5	24.3

计算结果表明，净利润的现金含量是逐年下降的，这与第三章第三节“财务报表纵向结构分析”中表3－7中应收账款占总资产的比重相关，也与表8－13中经营活动现金流量的流入流出比率相关，两者综合起来看。2014年是由两者综合作用造成的，指标急遽下降至低水平，应引起管理层关注销售收款情况。2013年主要是由经营活动现金流量的流入流出比率降低造成的，但指标大于1，状况良好。2012年的状况是极好的。

（三）销售收现增长率

它是以报告期销售商品、提供劳务收到的现金与上期数额相比较，反映企业销售商品收现的增长状况，计算公式如下：

$$\text{销售收现增长率} = \left(\frac{\text{报告期销售商品、提供劳务收到的现金}}{\text{上期销售商品、提供劳务收到的现金}} - 1\right) \times 100\%$$

以上使用的是在第七章第二节“发展速度分析”中所列的公式，这一指标越大越好。

根据表3－3，计算A公司2012—2014年度的销售收现增长率，如表8－12所示。

表8－12　A公司2012—2014年度的销售收现增长率　（%）

项　目	2012年	2013年	2014年
销售收现增长率	—	95.4	40.8

计算结果表明，2014年比上年增长了约4成，2013年比上年增长了近1倍，表明企业发展又快又好。

很多书中将经营现金净流量、现金流量净增加额与上期数额相比较，用以反映其增长状况，这个没有多大意义。本章第二节最后说到，经营现金净流量易于操纵。至于现金流量净增加额，今年多借些钱，就比去年增长了。

二、现金流入流出比率

它是以经营活动、投资活动和筹资活动的现金流入小计与流出小计相比较，反映三项活动的现金流入流出多少的相对状况。

根据表3－3，计算A公司2012—2014年度的现金流入流出比率，如表8－13所示。

表8－13　A公司2012—2014年度的现金流入流出比率　（%）

项　目	2012年	2013年	2014年
经营活动	130.2	121.5	104.4
投资活动	9.8	13.6	4.0
筹资活动	72.2	113.3	157.0

经营活动现金流入流出比率应大于100%，否则为净流出。本章第二节中曾说过，经营现金净流量应为正数，但不能绝对化地说它越大越好，同样也不能绝对化地说这一比率越大越好。这一比率三年来逐年下降，导致盈利现金比率逐年下降，不是好的趋势。投资活动现金流入流出比率，如果企业大举扩张，则该比率小，反之则大。表中这一指标三年来都较小，我们来看表3－3，A公司三年来都在积极进行购建固定资产等扩建活动。筹资活动现金流入流出比率三年来逐年较大幅度增长，我们来看表3－3，企业借款融资的幅度加大。企业大举借贷搞扩建，可以预期未来经营活动现金流入可能有较大增长。

第五节　现金流量动态分析

企业的现金流入、流出及余额发生了怎样的变动，其变动趋势如何，这就是现金流量的动态分析。现金流量的动态分析可以帮助我们了解现金流量的变动趋势，了解现金流量变动的原因。

现金流量动态分析分为合计数动态分析、定比动态分析、环比动态分析三项。

一、现金流量合计数动态分析

将表8－4、表8－6、表8－8汇总编制A公司2012—2014年度的现金流量合计数，如表8－14所示。

表8－14 A公司2012—2014年度的现金流量合计 单位：万元

项 目	2012年	2013年	2014年
经营活动现金流入	2 016 450	3 814 941	5 383 229
投资活动现金流入	22 332	106 486	33 326
筹资活动现金流入	449 168	699 445	2 479 680
现金流入合计	2 487 950	4 620 872	7 896 235
经营活动现金流出	1 548 457	3 140 028	5 155 326
投资活动现金流出	228 152	783 899	827 345
筹资活动现金流出	622 539	617 563	1 579 512
现金流出合计	2 399 148	4 541 490	7 562 183
经营活动现金流量净额	467 993	674 912	227 903
投资活动现金流量净额	－205 820	－677 414	－794 019
筹资活动现金流量净额	－173 371	81 882	900 168
现金流量净增加额合计	88 802	79 380	334 052

表8－14可用图8－8表示如下：

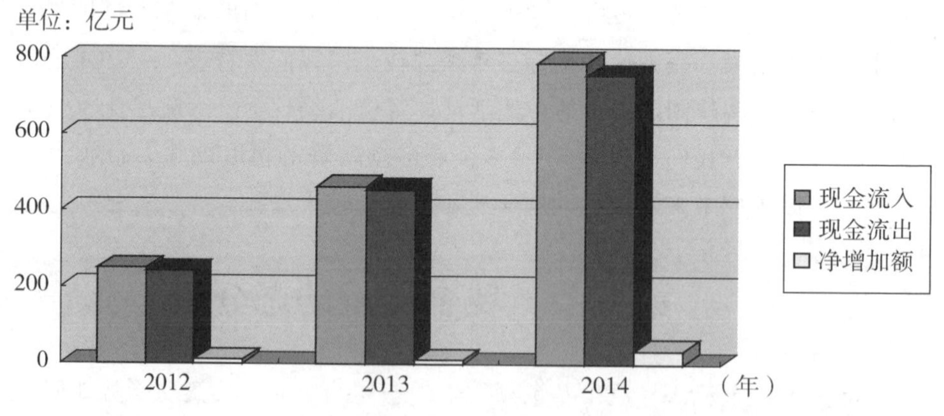

图8－8 A公司2012—2014年度的现金流量合计数图 单位：亿元

从表8－14、图8－8中可以看出，现金流入和现金流出三年来连续大幅度增长，现金流入略高于现金流出，近乎持平。其中，经营现金流入高于经营现金流出，使得经营现金净流量为正数。现金流量净增加额前两年基本持平，2014 年有增长。

投资现金流入数值较小，投资现金流出在 2013 年剧增，对照表 3－3 的明细项目，主要用于扩建，这与表 3－3 的“销售商品、提供劳务收到的现金”在 2014 年的大幅增长相关联，也与表 3－1 的固定资产在 2014 年的大幅增长，以及表 3－2 的营业收入在 2014 年的大幅增长相关联。2014 年的投资现金流出略高于 2013 年，可以预期 2015 年的营业收入和销售现金收入可能有大幅度的增长。

筹资现金流入、流出在 2014 年剧增，流入大大高于流出，对照表 3－3 的明细项目，主要是借款，公司对借贷融资的依赖增强。

二、现金流量定比动态分析

根据表 8－14 的数据，可以计算出 A 公司以 2012 年为基期的现金流量定比分析表，如表 8－15 所示。

表 8－15 A 公司以 2012 年为基期的现金流量定比分析表 （%）

项 目	2012 年	2013 年	2014 年
经营活动现金流入	100	189.2	267.0
投资活动现金流入	100	476.8	149.2
筹资活动现金流入	100	155.7	552.1
现金流入合计	100	185.7	317.4
经营活动现金流出	100	202.8	332.9
投资活动现金流出	100	343.6	362.6
筹资活动现金流出	100	99.2	253.7
现金流出合计	100	189.3	315.2
经营活动现金流量净额	100	144.2	48.7
投资活动现金流量净额	100	329.1	385.8
筹资活动现金流量净额	100	－47.2	－519.2
现金流量净增加额合计	100	89.4	376.2

表 8－15 中合计栏可用图 8－9 表示（见下页）。

从表 8－15、图 8－9 中可以看出，现金流入在迅猛增加，2014 年是 2012 年的 3 倍有余。现金流出线与现金流入线几乎重叠，也在同步增加。其中经营现金流入的增加幅度低于经营现金流出的增加幅度，使得经营现金净流量的增加幅度低于经营现金流入的增加幅度，尤其是 2014 年。现金流量净增加额 2013 年略有

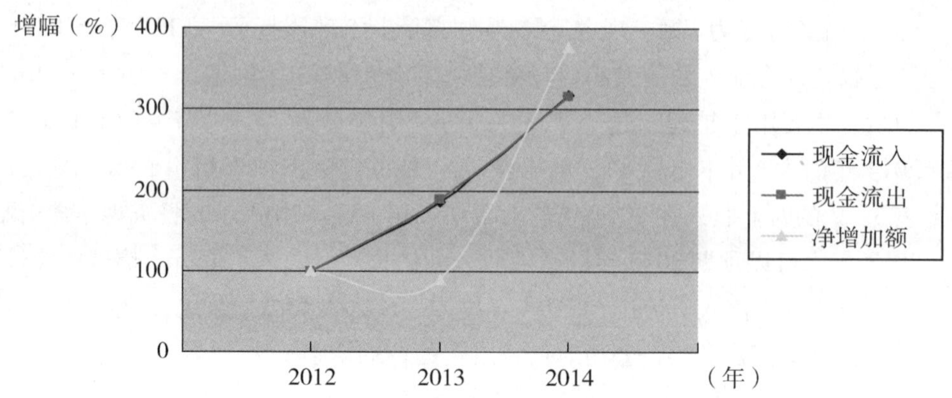

图 8－9　A 公司以 2012 年为基期的现金流量定比分析图

下降，2014 年则是 2012 年的 3 倍多。

注意表 8－14 中投资和筹资现金流量净额的负数，影响表 8－15 中相应项目百分数的正负。

三、现金流量环比动态分析

根据表 8－14 的数据，可以计算出 A 公司相对于上一年的现金流量环比分析表，如表 8－16 所示。

表 8－16　A 公司相对于上一年的现金流量环比分析表　（%）

项　目	2012 年	2013 年	2014 年
经营活动现金流入	100	189.2	141.1
投资活动现金流入	100	476.8	31.3
筹资活动现金流入	100	155.7	354.5
现金流入合计	100	185.7	170.9
经营活动现金流出	100	202.8	164.2
投资活动现金流出	100	343.6	105.5
筹资活动现金流出	100	99.2	255.8
现金流出合计	100	189.3	166.5
经营活动现金流量净额	100	144.2	33.8
投资活动现金流量净额	100	329.1	117.2
筹资活动现金流量净额	100	－47.2	1099.3
现金流量净增加额合计	100	89.4	420.8

表 8－16 中合计栏可用图 8－10 表示如下：

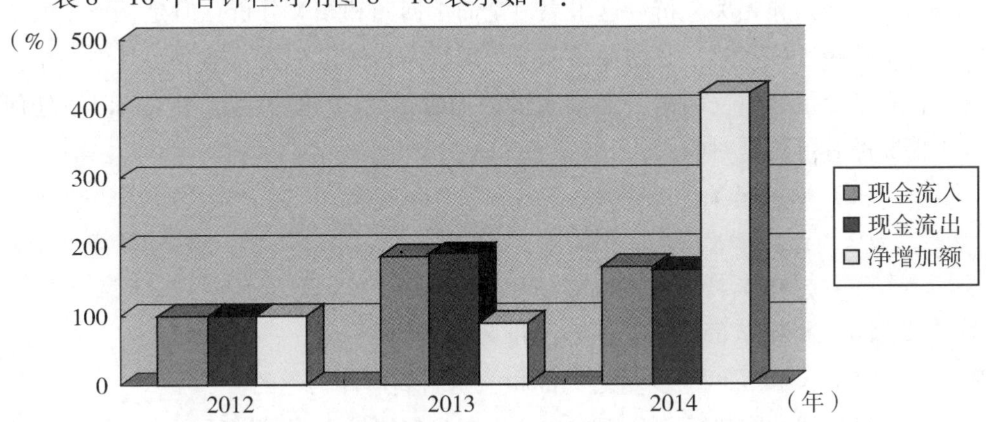

图 8－10　A 公司相对于上一年的现金流量环比分析图

从表 8－16、图 8－10 中可以看出，现金流入和现金流出在逐年大幅递增，且两者近乎同步。其中，2014 年经营现金流入、流出的增幅比上年放缓，且经营现金流入的增幅低于流出增幅 20% 有余，导致经营现金净流量的增幅远低于上年。现金流量净增加额 2013 年略有下降，2014 年则是上一年的 4 倍多，对照表 3－3 的明细项目，这主要是由于借款大幅增加带来的。

注意，前面定比分析用的是散点图，环比分析是柱形图，定比分析是相对于基年的动态情况，环比分析是相对于上一年的动态情况。另外，经营活动、投资活动、筹资活动三项现金流量均可绘图表示，图形可放在分析报告的后面作为附件。

第六节　现金流量趋势分析

现金流量趋势分析，仅用于预测下一年度的“销售商品、提供劳务收到的现金”，之后还可以使用预测值再计算，预测再下一年度的销售现金收入，其他的项目不予预测。

趋势预测分析是指运用回归分析法、指数平滑法等方法来对财务报表数据进行分析预测，分析其发展趋势，并在此基础上预测出可能的发展结果。

对于趋势预测分析而言，如果能够预测两个或更多变量之间相互关系的紧密程度和当一个变量数值上升 1 个单位时，能够计量另一个变量变化的平均值，是很有用的。如果这一分析仅仅涉及两个变量，我们就把所使用的分析方法称之为简单回归和相关分析。如果分析涉及两个以上的变量，我们就把这一分析过程称为多元回归和相关分析。这里只讨论简单回归和相关分析。但是，计量两个变量之间的相互关系时，必须保持谨慎，因为两个变量相关并不表示其中一个变量是另一个变量的引发因素。通常来讲，如果 X 和 Y 两个变量相关，以下任何一种情况都有可能是对的：

（1）X 引起 Y；

（2）Y 引起 X；

（3）X 和 Y 持续地或间断地相互影响；

（4）X 和 Y 同时受到同一变量 Z 的影响；

（5）X 和 Y 两个变量之间的相关是由偶然性引起的。

最常用的趋势预测分析方法是运用趋势线性方程来进行预测。所谓趋势线性方程是在做趋势分析时，预测某项目的未来值所普遍采用的一种方法。反映两个变量之间相互关系的最简单的方法是一条直线，这条直线的方程式表示为：

$y = a + bx$

式中，y——因变量，这里是所预测项目的未来值；

a——常数，当 $x=0$ 时，$a=y$；

b——斜率，当 x 变动一个单位时，y 为发生变化的平均值；如果回归方程是线性的，b 称为回归系数；

x——自变量，表示时期系数的值。

x 是由分配决定的，并要使 $\sum x=0$，当时期数为偶数或奇数时，值的分配有所不同。

当时期数为奇数时，x 可确定，如表 8－17 所示。

表 8－17　时期数为奇数时 x 的值

自变量	2011 年	2012 年	2013 年	2014 年	2015 年
x	－2	－1	0	1	2

当时期数为偶数时，x 可确定，如表 8－18 所示。

表 8－18　时期数为偶数时 x 的值

自变量	2011 年	2012 年	2013 年	2014 年
x	－2	－1	1	2

由于y的预测值大致等于所研究数据的平均值，我们可以使用最小二乘法。对于具体数据，最小二乘法可以给出可能的最佳拟合，也就是说，它最佳地反映了数据中所蕴含的关系。称其为最小二乘法的原因在于，相对于任何其他直线，这条直线使得平方离差之和最小（回归线下面的离差等于回归线上面的离差，这也意味着数值总和等于零）。这些离差是沿着y轴的垂直计量并且这条直线通过这些数据总和的平均值。

使用以下公式，可以计算方程 $y = a + bx$ 中变量的数值：

$y = a + bx$

即有：

$y_1 = a + bx_1$，$y_2 = a + bx_2 \cdots y_n = a + bx_n$

将n个方程相加，即有：

$\Sigma y = na + b\Sigma x$　　①

将①式两边同乘以x，则有：

$\Sigma xy = a\Sigma x + b\Sigma x^2$　　②

将①、②联立方程式：

$$\begin{cases} \Sigma y = na + b\Sigma x \\ \Sigma xy = a\Sigma x + b\Sigma x^2 \end{cases}$$

可从上列联立方程式推导出：

$$a = \frac{\sum x^2 \sum y - \sum x \sum xy}{n \sum x^2 - (\sum x)^2}$$

$$b = \frac{n \sum xy - \sum x \sum y}{n \sum x^2 - (\sum x)^2}$$

掌握以下两种情形。

情形一：已知b，求a。

根据①式得：$a = \dfrac{\sum y - b \sum x}{n}$

情形二：已知a，求b。

根据②式得：$b = \dfrac{\sum y - na}{\sum x}$

进行趋势分析时，我们可以简化这一分析方法，采取的途径是选择奇数项的期间，并以期间中点作为x的起点。通过这种方法，正的x数值正好抵消负的

x 数值，因而所有 x 的数值之和都等于 0。因此，时间变量就可以计量为与平均值的离差数。这样，常数 a 就是数据系列的简单平均数，b 就成了一项简单比率，如下所示：

$$a=\frac{\sum y}{n}$$

$$b=\frac{\sum xy}{\sum x^2}$$

根据表 3－3，A 公司 2012—2014 年度的“销售商品、提供劳务收到的现金”，四舍五入为亿元，如表 8－19 所示。

表 8－19　A 公司 2012—2014 年度的销售现金收入　　单位：亿元

项　目	2012 年	2013 年	2014 年
销售现金收入	191.0	373.3	525.7

$$a=\frac{\sum y}{n}=\frac{191.0+373.3+525.7}{3}=363.3\text{（亿元）}$$

$$b=\frac{\sum xy}{\sum x^2}=\frac{-1\times 191.0+0\times 373.3+1\times 525.7}{(-1)^2+0^2+1^2}\approx 167.4$$

则预测的趋势方程式为：

$y=363.3+167.4x$

上面我们用以计算的是 3 年的数值，时期数为奇数，对照表 8－17，下一年自变量 x 的值为 2，预测下一年即 2015 年度销售现金收入为：

$y=363.3+167.4\times 2=698.1$（亿元）

如果用以计算的是 4 年的数值，时期数为偶数，对照表 8－18，下一年自变量 x 的值为 3。

使用任意两个期间，计算各自的 y 值，可以画一条通过排列在图表上数据的直线，并且这条直线对于给定数据的拟合程度最高。这样，对于任何数值 x，回归直线都给出了 y 的一项估计值。

同样，我们可以用它来计算营业收入和净利润的预测值。此外，别的指标的预测没有多大意义，例如经营现金净流量、现金流量净增加额不拿来预测，本章第二节最后两段对这两个指标已有详细说明。这里不对“经营活动现金流入小计”做预测，经营现金流入还包含“收到的税费返还”“收到其他与经营活动有关的现金”等项目。只对“销售商品、提供劳务收到的现金”做预测，销售现金收入是重点，也是整张现金流量表的重点。要注意的是，预测值是以过去式估计将来时，仅供参考。

本章小结

1. 企业拥有一定数量的现金，注意资产的变现能力，是财务上稳健性的原则要求。

2. 进行现金流量结构分析，可以揭示现金收入主要从哪里来，现金支出主要用到哪里去，现金余额是怎样形成的。

3. 将连续三年的现金流量放在一起进行比较，可以了解企业现金流量结构的变化及发展趋势。

4. 现金流量分析有用的是营业现金比率、盈利现金比率和销售收现增长率三个比率，用以反映企业的营业收现状况、盈利的现金含量和销售的现金收入增长状况。

5. 企业的现金流入、流出及余额发生了怎样的变动，其变动趋势如何，这就是现金流量的动态分析。

6. 现金流量趋势分析，仅用于预测下一年度的“销售商品、提供劳务收到的现金”。

复习题

1. 复述经营活动现金净流量与净利润的差异。

2. 为什么不能说现金流量净增加额为正数好，负数不好?

3. 现金流量的结构分析可以分为哪几项? 连续现金流量结构分析分为哪几项?

4. 复述营业现金比率、盈利现金比率和销售收现增长率的公式。

5. 现金流量动态分析分为哪几项?

6. 复述现金流量趋势分析所使用的公式。

本书例题总结

通过对A公司的财务报表进行分析，得出以下结论：该公司偿付能力、营运能力呈良性，盈利能力超强，发展迅猛，现金流量基本到位。可见，其管理层是卓越的。

我们在第四章“偿付能力分析”中看到，A公司稳健经营，并不冒险过度扩张，盈利、发展、现金流量各方面表现优良，这就使得其经营特别要注重的方面简单化了。正如第五章“营运能力分析”中所揭示的，A公司要做的是“引进和培养高级技术人才，加大研发力度，或收购国外先进企业、先进技术”。不论是以高薪聘请还是以股权激励高级技术人才，A公司均需全力以赴增强技术实力，提高产品的研发、设计生产技术水平。不遗余力拼技术，就是A公司经营的重中之重。

另外，本书读到这里，你应该知道怎样写财务分析报告了吧。

第一是财务报表比较分析。简要地重点写几条即可，表格很长，放在后面作为附件。

第二是偿付能力分析。写一小节，只需计算出公式左边加粗体的指标，并加以简要说明即可。

第三是营运能力分析。

第四是盈利能力分析。

第五是发展能力分析。只需使用重要的指标，列表说明，不一定需要绘图，也可放在后面作为附件。

第六是现金流量分析。

应注意的是，企业领导人大多不是财会科班出身，财务分析报告对他们影响很大。所以，行文须慎重，按数据说话，实事求是。

第九章

股市比率分析

股市比率是指对上市公司股票进行基本分析所采用的一系列比率。本章介绍一些基本的股市比率。文中讲到国有企业，要讲的一点是，随着股份制改革，纯粹的国有独资企业越来越少，更多的是国有资本控股或参股公司。本章所讲的国有企业，主要指国资控股上市公司。

第一节　股市比率分析的意义

股票价格是股票在证券交易市场中买卖的价格。公司发行股票时，一般在股票上标明该股票的票面金额，这是票面价值，票面价值可以确定每股股票在公司中所占的份额。

通常情况下，公司发行的股票进入市场后，情况发生变化，股票价格背离票面价值，有的股票的市场价格比票面价值高出数十倍甚至数百倍，有的股票市价跌破票面值，成为垃圾股。因为股票价格的高低取决于股票的预期收益率，因而直接取决于股票利息数额、未来股息增长状况以及银行存款利率的高低。这是理论上的静态的股票价格，计算公式如下：

$$\text{股票价格}=\frac{\text{预期股息收益}}{\text{存款利率}}$$

一般情况下，若股息高于银行存款利率，则股票价格会上涨，反之，则价格下跌。根据世界银行统计的中、美、日三国 2002—2012 年度的实际存款利率（即名义存款利率剔除通货膨胀因素后的利率）情况，我国实际存款利率长时间低于美、日，甚至时不时还出现负利率。我国银行业几十年来通过存贷利息差，征收了现值以百万亿元计的人民币值。国有企业易于从国有银行获得利率优惠的贷款，民营企业贷款则不像国有企业那么容易，且利率及相关费用较高。国有银行的行为日益商业化，在最近几年里，它们向民企发放的贷款几乎是发放给国企的两倍。民企尤其是数量众多的中小企业，其中缺少抵押物的，常不得不在银行之外寻求高利率的借贷。香港金融管理局在 2012 年发表的一项研究报告称，如果国企以与民企同等条件的利率贷款，利润会消失；研究还发现，超过半数的民企没有机会从银行借款。这是认识股息与存款利率关系时，应知的基本国情。

另外，股票价格还在很大程度上受供求关系的影响，某种股票求大于供，则价格上涨；供大于求，则价格下跌。我国股票上市实行审批制，注册制是改革方向。内地股市原来主要是为国企融资服务，上市公司大多是国企，逐渐地，民企越来越多。由于有限制措施，内地的投资者一直无法直接购买境外股票，随着

“沪港通”的运行，我国股市投资将日益开放。

股票市场蕴含各种社会因素，如公司的发展趋势、经营状况、信誉等会影响股市，而许多因素如政治因素、心理因素、经济趋势等也会影响股票行情的涨落。在变化莫测的股市行情下，一个根本性的因素起着基础性的作用，就是上市公司自身的实力。实力是综合性的，包括行业前景、高管素质、经营能力、科技水平等，实力强大自然表现不俗。投资者要在几千家公司之间做出投资选择，应了解一些股市比率等基本的股市知识。

本书讲述的财务报表分析方法，用于比较真实的财务数据的分析。对于外部报表使用者，造假或伪饰且经不良审计公布的财务报表，既不可使用也无从辨别。美国华尔街的很多分析家认为，20 世纪 30 年代的经济危机很大程度上是股市财务报表的不规范和不准确，误导了投资者。我国证券市场信用较差，会计信息失真现象屡见不鲜，尤其为了取得上市、配股资格，利润操纵现象相当严重。著名经济学家吴敬琏说我国股市像个“赌场”，郎咸平教授提出要用“严刑峻法”，帮助我国股市步入正轨。股票基本面的分析（包括财务报表分析）在股市数据较为真实的情况下才是理性的，比较而言，国企可能较为真实，国企领导是官员，不会去大肆造假，而多年来爆出了许多民企大肆造假圈钱的消息。我国需要大力发展资本市场，使社会资本流向真正优质的公司，打击、遏制股市财务报表的造假现象，这对资源合理配置、经济健康发展会起到良好的作用。

第二节 每股净利润与每股股利

本节讲述每股净利润和每股股利两个指标，这两个指标属于最基本的股市比率。

一、每股净利润

（一）每股净利润

每股净利润（EPS，Earnings Per Share）也称每股净收益，是以某一时期的净利润与股份总数相比较，即每股股票享有的净利润，是综合反映公司盈利能力的重要指标，也是测定股票投资价值的一个基础性指标。

如果公司只有普通股，股份数是指流通在外的普通股股数。如果公司还有优先股，应从净利润中扣除优先股的股息，同时，从股份总数中扣除优先股股数，即剔除优先股的股息与股数，得出的结果就是普通股的每股净利润。

在第六章第四节“资本盈利能力分析”中讲述的净资产净利率，是反映整体股权的利润率。国外有些股份公司除了普通股还发行优先股，优先股红利发放额是相对固定的，与公司债相似，优先股一般无投票权，不享受公积金权益。普通股股东有对公司经营管理方面的控制权，有取得收益的权利，但要在优先股股东取得收入后才能行使其要求权，如果剩余盈利为零，则无盈利可言，如果亏损，还要承担经济损失。假如公司破产清算，偿付后的剩余财产先分配给优先股股东，之后才是普通股股东。我国股市拟试点发行优先股，正在刚开始的阶段，本书讲的都是普通股。

该指标的计算公式如下：

$$\text{每股净利润}=\frac{\text{归属于上市公司股东的净利润}}{\text{股份总数}}$$

每股净利润越高，说明股票的盈利水平越高，股东的投资效益越好；反之，则越差。股东所持股票价值的大小，在很大程度上取决于企业已实现的利润。

股东最关心的是每股净利润，这是股价升值和派发股利的基础。这部分净利润或以股利形式派发给股东，或以留存净利润留在公司内用以扩大营业规模，而企业资金增加、规模扩大又会引起股价上涨，从而给股东增加了资本收益。企业财务管理的目标是股东财富的最大化，派发股利和股价上涨是实现股东财富增值的途径。

计算这一比率，应按照《企业会计准则第 34 号——每股收益》及其应用指南来计算。不过外部分析者不必计算它，上市公司会计算并披露出来，同时披露扣除非经常性损益后的基本每股收益。

根据表 3－1 的“股本”和表 3－2 的“归属于母公司股东的净利润”，计算 A 公司 2014 年度的每股净利润如下：

$$\text{每股净利润}=\frac{864890\text{ 万元}}{759371\text{ 万股}}\approx 1.139\text{（元/股）}$$

计算结果与表 3－2 的每股收益一致，这是一个较高的数值。股票面值 1 元，总股数正好等于资产表的“股本”期末数，这里是按照下文所述的“基本每股收益与稀释每股收益”来计算的。表 3－2 是上市公司编制的合并利润表，其“归属于母公司股东的净利润”即公式分子“归属于上市公司股东的净利润”。

使用每股净利润指标应了解其局限性。一是该指标不具备可比性，有的国家对股票的面值没有限制，例如有的 1 元、有的 2 元，无从比较。我国规定股票面值是1元，但发行市盈率不同，所代表的资本不同，即使同一只股票，假设每次按相同的价格发行，但每年的留存净利润不同使得各年每股代表的净资产不同，各年的每股净利润也不具备可比性。二是净利润容易被管理层进行主观的调整与控制，例如交易时间的调度、提前或递延收入的确认等；也可能为提高净利润而牺牲股东的长期利益，例如减少当年研发费用、递延维修费用、避免确认损失而不处理陈旧财产等。

（二）基本每股净利润与稀释每股净利润

这两个指标是上市公司按其股权结构分别披露的每股净利润，通常称为基本每股收益与稀释每股收益，这样表述并不准确，在第一章第三节开头我们就讲了利润和收益的区别，应称为每股净利润或每股净收益。

公司应当按照归属于普通股股东的当期净利润，除以发行在外普通股的加权平均数计算基本每股净利润（Primary EPS）。计算公式如下：

$$EPS = \frac{P}{S0 + S1 + Si \times Mi \div M0 - Sj \times Mj \div M0}$$

其中，P为报告期利润；S0为期初股份总数；S1为报告期因公积金转增股本或股票股利分配等增加的股份数；Si为报告期因发行新股或债转股等增加的股份数；Sj为报告期因回购或缩股等减少的股份数；M0为报告期月份数；Mi为增加股份下一月份起至报告期期末的月份数；Mj为减少股份下一月份起至报告期期末的月份数。

稀释每股净利润（Diluted EPS）是以基本每股净利润为基础，假设公司所有发行在外的稀释性潜在普通股均已转换为普通股，从而分别调整归属于普通股股东的当期净利润以及发行在外普通股的加权平均数计算而得出的每股净利润。

潜在普通股是指赋予其持有者在报告期或以后期间享有取得普通股权利的一种金融工具或其他合同，例如可转换公司债券、认股权证和股份期权等。稀释性潜在普通股是指假设当期转换为普通股会减少每股净利润的潜在普通股。在基本每股净利润的基础上，潜在普通股转换为普通股后，使普通股总数增加，就得重新计算每股净利润，导致每股净利润被稀释。

如果有稀释性潜在普通股，应当计算稀释每股净利润。如果没有，稀释每股净利润就等于基本每股净利润。

以上介绍的这两个指标，对于存在复杂股权结构的上市公司，其计算是十分复杂的，读者了解即可，上市公司会计算并披露出来。

A 公司披露的 2014 年年报的基本每股收益和稀释每股收益均为 1. 139 元，因其报告期内 Si、Sj 无发生额，也无潜在普通股。

需要注意的是，在部分上市公司披露的年报中，上年度的基本每股收益、稀释每股收益会变小。例如 A 公司在 2013 年年报中，基本每股收益、稀释每股收益为 1. 11 元；在 2014 年年报中，并列比较的上年度即 2013 年的基本每股收益、稀释每股收益变为 0. 739 元，2012 年变得更小。他们是这么算的，股份总数比上年度增加了，在年报中并列上年度每股收益时，将上年度“归属于上市公司股东的净利润”除以本年度的股份总数，列为上年度每股收益。如果单看一期年报，会看到每股收益的可喜增长，这是不正确的。我们进行财务分析时，各年度的每股收益不是那样变化的，要从各年度各自的年报取数，各年的净利润与股份数，得出的各年每股收益不改变。总之，在将不同时期指标进行比较分析时，计算口径要保持一致，计算前期的指标时要按照前期相应的数值计算，而不能套用本期的数值将前期指标重算。

二、每股股利

每股股利（DPS，Dividend Per Share）也称每股股息，是以股利总额与股份总数相比较。股利总额是用于对股票分配股利的总额。要注意的是每股股利与每股净利润的区别，每股净利润是每一股所获得的净利润，每股股利则是每股净利润扣除盈余公积等利润分配之后可发放给每一股的股息金额。此外，公司除净利润外还可将资本公积用来发放股利。

该指标的计算公式如下：

$$\text{每股股利} = \frac{\text{股利总额}}{\text{股份总数}}$$

每股股利是反映每一股获得股利多少的指标，每股股利的高低，取决于公司盈利能力的强弱，同时还受利润分配政策的影响。如果公司为扩大再生产、增强发展后劲而多留利润，则每股股利就减少；反之，每股股利会增加。

A 公司 2014 年第三季度季报披露：“2014 年 6 月 26 日，公司股东大会审议通过了《2013 年度利润分配预案》。以公司 2013 年年末总股本 7,593,706,137 股为基数，向全体股东每 10 股派发现金红利 3 元（含税），剩余未分配利润由 H 股发行上市后的所有新老股东共同享有。本次共计派发现金股利 2,278,111, 841. 10 元（含税）。”

即 2013 年度股份总数为 7,593,706,137 股，约 759,371 万股，每股股利 0. 3

元，股利总额2,278,111,841.10元，约227,811万元。

有的公司还发放股票股利，就是根据发布利润分配公告日的收盘价，计算股票股利总额，计算公式如下：

股利总额＝现金股利总额＋股票股利总额

以上所说的股票股利是含税的，即税前的金额，关于股利的纳税事项按税务局规定。

第三节　市盈率与市净率

本节讲述市盈率与股票投资报酬率、每股净资产与市净率，市盈率、市净率属于最基本的股市比率。

一、市盈率与股票投资报酬率

（一）市盈率

市盈率（P/E，PE，Price To Earning Ratio）是每股现行市场价格与每股净利润的比率。它是通过公司股票的市场行情，评价公司盈利、发展能力的指标，即股票以多少倍于每股净利润的价格买入或出售。

该指标的计算公式如下：

$$\text{市盈率} = \frac{\text{每股市价}}{\text{每股净利润}}$$

也可按下列公式计算：

$$\text{市盈率} = \frac{\text{总市值}}{\text{归属于上市公司股东的净利润}}$$

公式推导如下：

$$\text{市盈率} = \frac{\text{每股市价}}{\text{每股净利润}} = \frac{\text{每股市价} \times \text{股份总数}}{\text{每股净利润} \times \text{股份总数}}$$

$$= \frac{\text{总市值}}{\text{归属于上市公司股东的净利润}}$$

式中，每股市价采用当日当时的市场价格，市盈率是不断波动的。

每股现行市价显示了投资者对未来报酬的预期，一般认为，市场价格等于以反映预期报酬风险的折现率，对未来的股息和股价增值进行折算后得出的现值。因此，市盈率是投资人判断公司未来业绩的指标。市盈率水平在各行业和各公司间有很大差异，它反映了市场对这些行业和公司股票收益增长率的不同预期。有时候，整个股市或一个行业多数公司市盈率上升或下降，原因是宏观经济走势预测，显示公司未来会受到一些全局性的有利或不利影响。

这一指标只反映股价对净利润的倍数，可以用来对同行业不同公司进行比较。市盈率被广泛使用，作为评估公司股票价值的一个重要依据，投资者通过比较这一指标，基于对风险及未来盈利能力的判断，做出投资抉择，反映在股市上，即同一价位的某种股票，有人卖出，有人买进。若一家公司在股市上连续维持较高的市盈率，或与同行业其他上市公司相比市盈率更高，说明这家公司的营运能力和盈利能力较强，具有较大的潜在发展能力，公司有较高的声誉，对投资人有很大的吸引力。但如果一家公司与同行业其他上市公司相比，每股净利润相差不大，但市盈率过高，就可能存在有人炒作的风险。

市盈率不适用于不同行业的公司之间进行比较，新兴行业通常比成熟行业市盈率更高，但仅凭这一比率并不能表明前者就比后者具有更高的投资价值。读者可以去看亚马逊公司创纪录的极高市盈率，表现出投资人对之有巨大的期望。市盈率这一指标，表现的就是公众对公司未来的期望值。

如果在2015年，A公司2014年年报出来时，股票每股市价是26.5元，承上一节计算的数据，计算市盈率如下：

$$市盈率 = \frac{26.5}{1.139} \approx 23.27\ (倍)$$

也可以这样计算：

$$市盈率 = \frac{26.5 \times 759371}{864890} = \frac{20123331.5}{864890} \approx 23.27\ (倍)$$

计算结果表明，该公司股票以其每股净利润23.27倍的价格交易，其市价是其票面价值的26.5倍，投资者支付23.27元可取得对该公司1元净利润的所有权。市盈率越高，表明公众预测公司未来增长的潜力越大，对该股票的评价越高。

市盈率通常分为静态市盈率LYR（Last Year Ratio）和动态市盈率TTM（Trailing Twelve Month）。LYR是根据上一年度每股净利润来计算的，只要今年的年报尚未公布，那么每股净利润就不会改变，是相对静止的。由于LYR较易计算，所以较常运用。TTM是根据最近发布的四个季度（即最近的12个月）的每股净利润来计算的，由于每个季度的净利润都会发生变化，TTM能更准确地反映出某只股票内在价值的变化，有助于预测未来的走势，所以有些投资者习惯采用。

（二）股票投资报酬率

它是市盈率的倒数，计算公式如下：

$$股票投资报酬率=\frac{每股净利润}{每股市价}\times 100\%$$

承上，计算A公司的股票投资报酬率如下：

$$股票投资报酬率=\frac{1}{23.27}\times 100\%\approx 4.3\%$$

计算结果表明，购买该公司股票所花费的每百元赚得4.3元净利润。这一比率越高，表明股票投资的报酬率越高，反之则越低。

二、每股净资产与市净率

（一）每股净资产

每股净资产（Net Asset Value Per Share）也称每股账面价值（BVPS，Book Value Per Share），它反映每股股票所代表的公司记在账面上的股东权益。

该指标的计算公式如下：

$$每股净资产=\frac{股东权益合计}{股份总数}$$

净资产是公司的解散价值，每股净资产通常被认为是股价不会再往下跌的最低价。这一指标越高，表明公司内部积累越雄厚，在经济不景气时期也有较强的抵御能力。在买受或合并企业时，每股净资产和每股现行市价是估算公司价值的重要依据。

承上，根据表3-1，计算A公司2014年度的每股净资产如下：

$$每股净资产=\frac{2075361\ 万元}{759371\ 万股}\approx 2.73(元/股)$$

计算结果显示，A公司每股股票的账面股东权益为2.73元。

每股净资产数额是账面价值，而会计是以历史成本核算的，实际上，公司所拥有的房地产、有价证券等资产的市场价格可能已经上涨，与资产的账面价值之间出现了差额。股票市价是受公司盈利能力及股利水平影响的，而股票账面价值则是由过去的财务状况和已完成的交易所形成的经营业绩决定的。如果企业经营已久，又没有定期进行资产评估，而且财务部门也不可以一纸评估报告就调整账面资产价值，那么账面价值就会与实际市价形成较大差距，降低了使用这一指标的意义。

每股净资产可以表明公司发展的潜在能力，当股票市价低于其账面价值时，显示公众认为该公司没有发展前景；反之，表明公众认为该公司有潜力。

（二）市净率

创立资产组合选择理论而获得 1990 年诺贝尔经济学奖的美国财务学家哈里·马科维茨教授认为，股票净值是股市投资最可靠的指标，投资者更应注意市净率，而不是人们通常使用的市盈率。

市净率（P/B，Price To Book Ratio）表明投资者占有公司每一元的净资产所要付出的代价，计算公式如下：

$$\textbf{市净率} = \frac{\text{每股市价}}{\text{每股净资产}}$$

也可按下列公式计算：

$$\text{市净率} = \frac{\text{总市值}}{\text{股东权益合计}}$$

公式推导如下：

$$\text{市净率} = \frac{\text{每股市价}}{\text{每股净资产}} = \frac{\text{每股市价} \times \text{股份总数}}{\text{每股净资产} \times \text{股份总数}}$$

$$= \frac{\text{总市值}}{\text{股东权益合计}}$$

承上，计算 A 公司的市净率如下：

$$\text{市净率} = \frac{26.5}{2.73} \approx 9.71\ (\text{倍})$$

也可以这样计算：

$$\text{市净率} = \frac{20123331.5}{2075361} \approx 9.70\ (\text{倍})$$

两者尾数相差 0.01，是由四舍五入引起的，可忽略不计。

计算结果表明，该公司股票以其账面价值 9.71 倍的价格在股市上流通。这一比率越高，越表明该只股票受到追捧。

国际上，投资机构一般希望在股市里寻找到股价合理、反映公司内在价值，或是收购、控制的成本较为低廉的上市公司。市净率指标可以帮助投资人判断投资哪家上市公司能够以较低的投入得到较高的产出。

第四节 派息率与股息率及其他

本节讲述派息率与留存净利润率、股息率、市场增加值、市值—资产比率、每股经营现金流，其中，派息率、股息率、市值—资产比率属于最基本的股市比率。

一、派息率与留存净利润率

（一）派息率

派息率（Dividend Payout Ratio）也称股利发放率、股利支付率，是用每股股利与每股净利润相比来反映股东从每股净利润中分到手部分的多少，衡量公司派发的股利占归属股东所有的净利润的多大比例，表明净利润中有多少用于股利的分配。对投资人而言，派息率比每股净利润更能直接体现当前利益。

该指标的计算公式如下：

$$\textbf{派息率} = \frac{\text{每股股利}}{\text{每股净利润}} \times 100\%$$

该指标也可以这样计算：

$$\text{派息率} = \frac{\text{股利总额}}{\text{归属于上市公司股东的净利润}} \times 100\%$$

公式推导如下：

$$\begin{aligned}\text{派息率} &= \frac{\text{每股股利}}{\text{每股净利润}} \times 100\% \\ &= \frac{\text{每股股利} \times \text{股份总数}}{\text{每股净利润} \times \text{股份总数}} \times 100\% \\ &= \frac{\text{股利总额}}{\text{归属于上市公司股东的净利润}} \times 100\%\end{aligned}$$

承本章第二节计算的数据，计算 A 公司的派息率如下：

$$\text{派息率} = \frac{0.3}{1.139} \times 100\% \approx 26.34\%$$

也可以这样计算：

$$\text{派息率} = \frac{227811}{864890} \times 100\% \approx 26.34\%$$

派息率的高低取决于公司盈利的多少，例如同样派发 0.3 元的股利，甲公司利润较多，派息率 40%；乙公司利润较少，派息率 60%。派息率一般介于 40%～60%之间，或在 30% ~70%之间。有的上市公司派发特别股息，会使该指标超过 100%，但在正常情况下，超过 60%的派息率会显得公司看淡自身或行业前景。

派息率在公司经营的不同阶段，会有所不同。派息率的高低决定于公司的股利发放政策。管理层应在考虑股利发放政策及市场变化等状况的基础上，决定股利的支付比率。

一般来说，新设立、成长早期中的公司派息率较低，成熟行业的公司派息率较高。在成熟的股市，同行业趋向于一个平均的毛利润率，也会倾向于一个相差不大的派息率，通常各公司都在维持稳定的股利。

有些投资者看重短期内获得实惠，把发放的股利作为一个可靠的收入来源，他们希望派息率高一点。有些投资者希望派息率低一点，把更多净利润留存公司用于扩大再生产。如果一只有良好盈利的股票一直保持净利润 40% 的分红，还能保持净利润以每年 10% 的速度增长，那么，投资者每年从该股票上获得的股息要远大于银行存款利息，而且还会不断地增长，投资者当然就会选择一直持有。但是，如果该公司很少分红或分红很少，那么该股票除了出售似乎永远无法变现。所以，有着较多现金分红记录的公司风险较低，因为投资者已经收回了一部分当年的投资，或者如果时期够长，已经从现金红利中全部收回了投资，剩下的就是净赚的了。

（二）现金股利与股票股利

公司股利有多种形式，如现金股利、股票股利、财产股利和债券股利等，常见的是现金股利和股票股利。股票股利并没有现金流出，可减少现金压力，实际上是净利润的留存，将净利润分配转增股本，会增加股份总数，同时降低股票的每股含金量，即每股含有的股东权益，引起股价下跌。这里不是指每股含资产，资产需要减去负债才是股东所有的账面价值。

例如某公司“全体股东每 10 股送红股 4 股”，无现金红利，每股账面值 1 元，假设不计提盈余公积，这里撇开盈余公积的计提及其他项目以简化说明问题，计算每股账面含金量如表 9 - 1 所示。

表9-1 每股账面含金量

项 目	派发前（万元）	每股含金量（元）	派发后（万元）	稀释每股含金量（元）
股本	50 000	1.0	70 000	1.000
资本公积	10 000	0.2	10 000	0.143
盈余公积	10 000	0.2	10 000	0.143
未分配利润	30 000	0.6	10 000	0.143
合 计	100 000	2.0	100 000	1.429

股票股利不会改变公司股东权益总额，原来是多少还是多少，但改变股东权益的结构，股东除了增加所持股数外没有分到直接收益，是否有资本收益得看股价变动，例如表9-1的例子，如果原来每股市价为14元，派送红股后每股市价下跌，如表9-2所示。

表9-2 股价与总价值变动

项 目	派发前	派发后	派发后	派发后
股数（股）	10	14	14	14
股价（元）	14	9	10	11
总价值（元）	140	126	140	154

可见，股价下跌在10元以上的就是股东赚的，反之就亏了。

有些公司发放股票股利显示管理层有信心，认为公司会有较大的发展，但也有些公司财务报表造假，实际上没有那么多的利润和现金，于是连年派发股票股利，很少派发现金股利。如果一国股市发放的主要是现金股利，投机色彩将会褪色，且能有效降低股东与管理层之间、大小股东之间的代理冲突，降低代理成本，我国股市的一大弊病是现金股利太少。

在不同的国家，有着不同的股利政策。在两大法制体系中，与大陆法国家（法国、德国等，包括我国内地）相比，普通法国家（英国、美国等）对投资者的保护更好，派息率也更高，资本市场的价值及范围更大。我国上市公司一般一年派发一次股利，有的两三年才派发股利，少数公司有时一年派发两次股利，即中报和年报各派发一次。美国多数上市公司的股利支付周期是一个季度一次，即一年派发四次，而且主要是现金股利，约占净利润的50%。我国派息率偏低且很多都是股票股利，根源在于国有股“一股独大”，政府股东与公司管理层对此要求并不强，显然，这种状况不利于股市的健康发展。

证监会在2008年10月颁布的《关于修改上市公司现金分红若干规定的决定》中指出：“上市公司现金分红是实现投资者投资回报的重要形式，对于培育资本市场长期投资理念，增强资本市场的吸引力和活力，具有十分重要的作用。”其中心条款是“最近三年以现金方式累计分配的利润不少于最近三年实现的年均可分配利润的30%”，以此督促上市公司加强对投资者的回报。然而也有人指出，对于无心或无力再融资的上市公司，该决定是无效的，从已披露年报的情况来看，低于30%的依然不少。

（三）留存净利润率

公司的净利润发放完股利之后，剩下的就是留存净利润，计算公式如下：

留存净利润率 =1 – 派息率

承前，计算A公司的留存净利润率如下：

留存净利润率 =1 –26.34% =73.66%

留存净利润率越高，公司的资金越充裕，财务风险越小。但是较高的派息率能够即时满足股东的收益要求，增强投资者对公司的信心，一个有能力连年派发较高现金股利的公司，它的股价也会较高。基于信息不对称下的信号理论表明，投资者对发放高股利的公司估价较高，而对发放低股利或根本不发放股利的公司估价相对较低。西方的实证分析发现，派发股利增加伴随着股价的增长；相反，派发股利减少，股价就会降低。

二、股息率

股息率（Dividend Yield Ratio）也称股利收益率、股利—市价比率，是上一年度股息即每股股利与股票价格之间的比率，表明上市公司通过分红给予股东的回报率，是衡量公司是否具有投资价值的标尺之一。

该指标的计算公式如下：

$$\text{股息率} = \frac{\text{每股股利}}{\text{每股市价}} \times 100\%$$

该指标也可以这样计算：

$$\text{股息率} = \frac{\text{派息率}}{\text{市盈率}}$$

公式推导如下：

$$股息率 = \frac{每股股利}{每股市价} \times 100\%$$

$$= \frac{每股股利}{每股净利润} \div \frac{每股市价}{每股净利润} \times 100\%$$

$$= \frac{派息率}{市盈率}$$

式中，每股市价是当时的买入价，或潜在投资者考察这只股票时的价格。

承上两节计算的数据，计算A公司的股息率如下：

$$股息率 = \frac{0.3}{26.5} \times 100\% \approx 1.13\%$$

也可以这样计算：

$$股息率 = \frac{26.34\%}{23.27} \approx 1.13\%$$

计算结果表明，该公司每股股利是其每股市价的1.13%，或者倒过来说，该公司股票在以其每股股利88.33倍的价格进行买卖。

股息率是挑选股票的参考标准之一，股息率越高越有吸引力，如果连续多年股息率较高，则该股票很吸引人。决定股息率高低的不仅是每股净利润和每股股利的高低，还要视股价而定，例如A股市价15元，B股市价20元，两只股票同样发放每股0.5元的现金股利，则A股3.3%的股息率比B股2.5%的股息率更高。

一般来说，股息率多在5%以下，5%以上的往往被称作高息股。高息股指数或者高息股基金投资的往往就是这些股息率至少在3%以上，一般达到4%～5%的股票。

股息率是衡量股东当期股利收益情况的指标，实际上，在计算股票投资的总收益时，还要在股利收益上再加减股价涨跌造成的资本损益，这样计算得出的数据才是全面的。

一家公司必须事先预测出因公司发展而需要追加投入的资金数量，可以假设一家上市公司有一个它想要保持的目标产权比率，为了实现这个目标值，增加资金的数额中须保持债权资本与股权资本的恰当比例。股权资本既可采用增发新股的方式筹集，也可利用公司的留存净利润。如果公司认为增发新股的筹资成本较高，则可采用留存净利润的方式筹集股权资金。以留存净利润形式保留的净利润越多，发放给股东们的股利就越少。当然，这仅适用于盈利公司。如果一家公司的财务状况陷于困境，很显然是不会给股东们发放股利的。

股票的股利收益经常被用来与债券的收益相比较，但实际上这种比较并不恰当。债券持有者的收益构成全部来自于利息（有时要根据债券折价或溢价的摊销进行调整），而股东的收益不仅仅是股利，还有留存净利润。虽然股东们没有拿到留存净利润，但事实上一直保存在公司的这部分净利润（假设投资于盈利资产），将增加公司的未来每股净利润，这样就会提高股价，增加股东的资本收益。

三、市场增加值与市值—资产比率

（一）市场增加值

在一个有效的证券市场中，上市公司的股价可以明确地反映出公司的价值。公司价值的增加，就是股东财富的增加，市场增加值就是一家上市公司对股东财富的增量。

该指标的计算公式如下：

市场增加值 = 总市值 - 总资产

公司上市以来的累计市场增加值，可以根据当前的总市值减去当前已公布的资产总额来计算。某一年的市场增加值，可以根据该年末的总市值减去该年末的资产总额来计算。

承上一节计算的数据，根据表 3 - 1，计算 A 公司的市场增加值如下：

市场增加值 = 20123331.5 - 5130672

= 14992659.5（万元）

计算结果表明，该公司总市值高出账面总资产 1499 亿元。

这一指标仅是一项估计，财务会计上的总资产是按历史成本、谨慎性等原则以及划分资本性支出与收益性支出报告的，总是倾向于低估的，但该指标可以广泛地用于评价公司创造了多少财富。

（二）市值—资产比率

市值—资产比率（Market Value To Assets Ratio）也称市价—账面比率，是以总市值与总资产相比较，广泛用于评估公司价值，计算公式如下：

$$\text{市值—资产比率} = \frac{\text{总市值}}{\text{总资产}}$$

承上，计算 A 公司的市值—资产比率如下：

$$市值—资产比率 = \frac{20123331.5}{5130672} \approx 3.92 \text{（倍）}$$

计算结果表明，该公司总市值是账面总资产的3.92倍。

四、每股经营现金流

它反映每股股票平均占有的经营活动现金净流量，用于传递经营活动产生的现金净流量的信息，计算公式如下：

$$每股经营现金流 = \frac{经营活动产生的现金流量净额}{股份总数}$$

这一指标拿经营现金流量净额与股份总数比较，意义不大。通过第八章第二节“现金流量单期结构分析”最后一段对经营现金流量净额的讲述，我们知道这一指标容易操纵。很多书中、财经网站以及上市公司披露的年报上都有该指标，因为是常见指标，在此提及，读者了解一下即可。

本章小结

1. 股市比率，是指对上市公司股票进行基本分析所采用的一系列比率。

2. 股东最关心的是每股净利润，这是股价升值和派发股利的基础。每股股利的高低，一方面取决于公司盈利能力的强弱，另一方面还受利润分配政策的影响。

3. 市盈率被广泛使用，作为评估公司股票价值的一个重要依据。每股净资产通常被认为是股价不会再往下跌的最低价。市净率指标可以帮助投资人判断投资哪家上市公司能够以较低的投入得到较高的产出。

4. 派息率的高低决定于公司的股利发放政策。股息率是挑选股票的参考标准之一，股息率越高越有吸引力。市值—资产比率广泛用于评估公司价值。

复习题

1. 为什么说在我国股票价格与银行存款利率关系不大?
2. 复述每股净利润和每股股利的公式。
3. 复述市盈率、每股净资产和市净率的公式。
4. 复述派息率、股息率和市值—资产比率的公式。

附　录

上市公司年报的阅读

上市公司披露的年度报告内容很多，会让许多读者如堕云雾，这里介绍阅读的方法，以抓住重点，从总体上把握。

一、公司基本情况

这里我们读到公司的法定代表人、地址、上市交易所、聘请的会计师事务所名称等。

那么，是不是聘请的会计师事务所是普华永道、德勤、毕马威、安永这四大会计师事务所，这个年报就更可信？这不一定，前些年我国赴美国上市的一大批公司，被美国的空头（浑水、香橼）揭穿造假，扫地出门，这些公司的财务报表多是这四大会计师事务所审的。

二、会计数据和业务数据

这里主要是后面报表一些重要数据的摘要，大概浏览一下，主要是看后面的报表。

三、股本变动及股东情况

这一小节披露股份变动的情况，注意其派息分红，如送红股、派发现金红利的情况。看公司前十名股东的持股情况，主要是看控股股东及实际控制人情况，注意其有无变动，如果控股股东及实际控制人发生变动，那么通常董事长、总经理（总裁、首席执行官）也会随之发生变动。

阅读这部分内容要关注公司是股权集中例如一股独大，还是股权分散。

四、董事、监事和高级管理人员

这里主要看董事长、总经理及其有无变动情况，事业是人干出来的，关键在于掌舵的人。一家运营良好的企业，掌舵的人发生变动的话，蕴含着很大的风险，企业家是企业的决定性因素，不同于一些旱涝保收的国企。

接着看员工人数、专业构成和教育程度。一家千人的公司与一家 10 万人的公司有小马与大象的区别，但对之进行财务分析的原理是一样的。例如一家工厂，研发人员较多、博士和硕士较多，可以认为其科技含量较高、创新能力较强，否则可以认为它是低层次、低技术的企业，一般情况下是可以这样认为的。

五、公司治理结构、股东大会情况

这部分内容大概浏览一下。

六、董事会报告

这部分内容包括年度经营回顾，讲成绩、讲贡献，以及技术进步的情况等，还有来年的经营规划与重点工作及分红情况，其他的大概浏览一下。有些内容是业内人士才看得懂的，例如一项技术获奖，该奖项在业内有多大的意义，外行只能看热闹。又如公司的控股子公司、参股公司的情况，不需要详细看，只需看年报后面的报表就可以了。

这部分要注意“主要供应商、客户情况”，前五名供应商采购金额合计占采购总额的比重，前五名销售客户销售金额合计占销售总额的比重。这两个比重越低，发生潜伏关联交易的可能性就越低。

七、监事会报告

这部分内容大概浏览一下。

八、重要事项

看这部分内容要对照后面报表中的总资产、净资产、营业收入的金额，相比较金额较大的详细看，其他的大概浏览一下。

其中要关注“与日常经营相关的关联交易”，包括向关联方购买材料和向关联方销售商品，尤其是向关联方销售商品，如果相比较金额较大的话，一是公司对关联方依赖较大，二是关联交易价格是否公允，是否存在利益输送，审计是否只是走过场。

有一种审计师难以查出的舞弊，不是假发票、假银行单据，而是潜伏关联交易。表面上有的单位与公司无关联，实际上却有着千丝万缕的关系。通过这些单位做买卖，表面上完全真实的货物进出、单据往来，实际上被暗中控制，用于“降低”原材料成本，“增加”公司的营业收入和净利润。而且潜伏关联的供应商以较低的价格与公司交易，但并不明显偏离市价，一年下来，足以有效“增加”上市公司的利润。或者潜伏关联的客户按真实的市价交易，只是用于“增加”上市公司的收入和利润。这种情况可能发生在股权集中的例如一股独大的家族企业中，因为需要一笔资金在公司外运作。而越是股权分散的公司发生此类舞弊的可能性越低。

九、财务会计报告

这部分内容包含了年报的核心部分——财务报表，通常会披露两套报表，首先是合并资产表、合并利润表、合并现金流量表、合并股东权益变动表；其次是母公司资产表、母公司利润表、母公司现金流量表、母公司股东权益变动表，有的没写母公司三个字。

这两套报表看哪一套？主要是阅读和分析第一套，即合并资产表、合并利润表、合并现金流量表。股东权益变动表是资产表的附表，是资产表右下方股东权益的变动明细。合并股东权益变动表和第二套报表大概浏览一下。

第二套报表是上市公司自身的报表，第一套报表是公司有对外投资，纳入合并范围的被投资公司的报表，与公司自身的报表合并。例如，A 公司与 B 公司、C 公司、D 公司投资 E 公司，A 公司是控股大股东，A 公司编制合并报表时，将在 E 公司的权益并入合并资产表的“归属于母公司股东权益”（或“归属于上市公司股东权益”），将 B 公司、C 公司、D 公司在 E 公司的权益并入合并资产表的“少数股东权益”。在计算净资产净利率（ROE）时，是按“股东权益合计”来算的，反映合并集团总体的效益。

阅读一遍合并报表之后，接着来看会计报表附注。附注是对报表中列示项目的文字描述或是其明细资料，以及对未能在报表中列示项目的说明等。附注是财务报表不可或缺的组成部分，应当有重点地阅读附注，对于报表中的有些重要项目，它的附注同样具有重要性。

1. 公司基本情况。

其中要了解历次的股票发行价和分红的情况。

2. 公司主要会计政策、会计估计和前期差错。

非财会专业人员是看不懂这部分内容的。没有关系，它只是讲述遵循的会计准则。其中固定资产的折旧年限，根据企业所得税法实施条例，最低年限：房屋、建筑物为 20 年，机器、机械为 10 年。我们看到有的上市公司报表原本很难看，于是发布一个公告，将原来按 20 年折旧的房屋、建筑物的折旧年限改为 30 年，将原来按 10 年折旧的机器、机械的折旧年限改为 15 年，这样一来报表就好看多了。

例如某公司在提折旧的房屋、建筑物 10 亿元，机器、机械 10 亿元，折旧年限如上一改，这里简化举例忽略预计净残值、减值准备等，当年度利润总额就增加了0.5亿元。

3. 税项。

这里我们看公司适用的主要税种及税率，其中企业所得税，如果公司取得高新技术企业证书，那么按15%的税率缴纳，优惠了10%。

4. 企业合并及合并财务报表。

这里主要介绍子公司的情况，大概浏览一下。

5. 合并财务报表主要项目注释。

这部分是附注的主要内容，内容很多，我们择要来看。

(1) 应收账款。

主要看账龄，先看列示在一年以上的部分占的比例大小，然后看应收账款金额前五名单位情况，金额、比例、列示的账龄是否在一年以内。

账龄长的部分占的比例不小的话，一是发生坏账的可能性大，会冲蚀利润；二是影响资金的周转、盈利。

对预付款项和其他应收款的阅读同上。阅读与分析财务报表是抓大放小，绝对金额及相对比例很小的就不用看了。

(2) 固定资产。

这一部分看固定资产原值合计、累计折旧合计、固定资产净值合计，主要看机器设备的净值与原值之比。如果该比率较高，即设备成新率较高，则表明设备较新；如果该比率很低，则表明该公司大部分设备已提完折旧，继续使用，那就是老厂卖老货，通常不会有高利润率。具体看行业，有的公司开发出新产品，主要依靠旧设备或外包就可以生产出来，但通常也不会有高利润率；通常，高新产品须由高新设备产出，存在高利润率的可能性大。有的白酒企业，酒越陈越香，那是特殊情况。又如葡萄牙有一家生产葡萄酒瓶塞子的公司，拥有大片适合生产瓶塞木料的树林，老厂老设备，不影响利润率。

有的公司有很多年的旧设备在生产老产品，又有部分是新设备在生产新产品，通过这个比率，可以看出总体的成新率，此外，还要看其近年度的变化。看这一部分是了解一下，当然不是根据设备成新率武断地判断其利润率，利润率要看利润表中销售和费用的情况。

(3) 在建工程、工程物资。

如果公司有大量的在建工程、工程物资，而且是在建厂房、设备安装、产业园等，则可以预期建成后产能将大增，届时如果销售跟上，则迎来大发展。同时，大规模的长期的投资也蕴含着风险。

(4) 无形资产。

会计准则规定，各项财产物资应当按取得时的实际成本计价。按照历史成本原则，企业在持续经营的情况下，一般不能对资产进行评估调账。国家规定的可以调账的仅限于两种事项：一是国有企业按照公司法规定改制为股份有限公司，应对企业的资产进行评估，并调整原账面价值；二是企业兼并，也就是购买其他企业的全部股权时，应对被购买企业的资产进行评估，并调整其原账面价值。

有的公司的无形资产的真实价值远远大于其账面价值，例如有的公司拥有的大片土地，因为城市化或交通发展等原因大幅度升值了；类似的，有的公司拥有的矿区（矿业资源资产，不是无形资产）因为矿产价格等原因大幅度升值了。司年报只披露其原价、累计摊销、账面价值，有的机构投资者对这种情况会进行调查，这是大投资者相对于小股民所具有的信息优势。

(5) 营业收入。

先看主营业务收入、其他业务收入，主营业务收入应占营业收入的大多数，显得主营业务突出。

然后看主营业务前五名或前十名客户列示，其占全部营业收入的比例很大的话，尤其是有的公司前一、二名客户占的比例很大，形成大客户依赖，蕴含着风险；其占全部营业收入的比例较小的话，则是销售分散、客户分散；其占全部营业收入的比例很小的话，发生潜伏关联交易的可能性也很小。

6. 或有事项等。

后面的或有事项、承诺事项、资产表日后事项、其他重要事项、母公司财务报表主要项目注释、补充资料等，大概浏览一下，金额大的看一看。

例如公司为其他公司提供 1 亿元担保，这个金额大不大要比较公司的净资产、净利润数据，如果合并利润表上净利润是 10 亿元，一旦发生这 1 亿元的代偿损失，不会伤筋动骨；但如果净利润是 1 亿元，则净利润都赔光了。

上市公司年报披露的内容基本上就是以上这些，有的公司比较详细，有的公司比较简略。半年报的篇幅较短，季报的篇幅就更短了。

名 词 解 释

1. 机会成本：是指做一个选择后所丧失的不做该选择而可能获得的最大利益。简单地讲，可以理解为把一定资源投入某一用途后所放弃的在其他用途中所能获得的利益。更加简单地讲，就是指为了从事某件事情而放弃其他事情的价值。

机会成本在经济学上是一种非常特别的既虚既实的一种成本，它是指一笔投资在专注于某一方面后所失去的在另外其他方面的投资盈利机会。

著名经济学家保罗·萨缪尔森在其《经济学》中曾用热狗店的事例来说明机会成本的概念。热狗店所有者每周投入 60 小时，但不领取工资。到年末结算时店铺获得了 22000 美元的利润。但是如果这些所有者能够找到另外其他收入更高的工作，使他们所获年收入达到 45000 美元，那么这些人所从事的热狗工作就会产生一种机会成本，它表明因为他们从事热狗工作而不得不失去的其他盈利更大的机会。对于此事，经济学家这样理解：如果用他们的实际盈利 22000 美元减去他们失去的 45000 美元的机会收益，那他们实际上是亏损的，亏损额是 45000 - 22000 = 23000（美元）。

从财务学来讲，机会成本就是企业为进行一项投资而放弃的在另外一项投资上的收益。机会成本不是实际的成本支出，但它是决策时必须考虑的因素，是与决策有关的成本。机会成本通常用折现率（贴现率）来表示，它是企业投资所必要的报酬率，如果收益率低于必要的报酬率，企业的投资就不划算。

2. 信用条件：是指企业要求客户支付赊销款项的条件。例如，“2/10，1/20，N/30”就是信用条件的基本表达方式，它规定如果在发票开出后 10 天内付款，可享受 2% 的折扣；在 20 天内付款，可享受 1% 的折扣；超过 20 天则没有价格优惠，这笔货款必须在 30 天内付清。其中 2%、1% 为折扣优惠，10 天、20 天为折扣期限，30 天为信用期限。

3. 公允价值：是指在公平交易中，熟悉情况的交易双方自愿进行资产交换或者债务清偿的金额。在公平交易中，交易双方应当是持续经营的企业，不打算或不需要进行清算、重大缩减经营规模，或在不利条件下仍进行交易。存在活跃市场的金融资产或金融负债，活跃市场中的报价应当用于确定其公允价值。不存在活跃市场的，企业应当采用估值技术确定其公允价值。

4. 固定资产折旧：折旧账户常为人所误解，在此详细加以说明。

固定资产折旧是指在固定资产的使用寿命内，按照确定的方法对应计折旧额进行的系统分摊。应计折旧额，是指应当计提折旧的固定资产的原价扣除其预计净残值后的金额，已计提减值准备的固定资产，还应当扣除已计提的固定资产减值准备累计金额。

固定资产的资本化成本逐渐转化为费用的会计过程称为折旧，它是与固定资产使用相关的经营费用。累计折旧数额并不代表任何有形物的累计，它只是应折旧资产的原始成本的一部分，这部分成本已经转化为与收入相配比的费用。

有的企业储备一笔钱专门用于购买新资产，称之为折旧基金。这是一项筹资活动，它与记录折旧的会计过程完全分离。如果折旧被用作专款，那么就要留出现金或证券，不能用于企业正常的生产经营过程。折旧过程自身并不是一个自动为资产的重置建立专项基金的手段，有的企业使用折旧储备一词，但折旧并不代表用于购买新的固定资产的货币，因此，固定资产折旧并不承担固定资产的更新。

折旧是一项费用分配，它不是在评估固定资产的价格。所计提的折旧费在会计上是一个估计数，它并不表示计提期间内固定资产市场价值的减少，特别在通货膨胀时期，一项折旧资产在期末时的市场价值甚至会高于期初时的市场价值。固定资产账面价值即其净值也不表示已折旧资产的市场价值，账面净值很少接近市场价值，固定资产的账面净值只是固定资产购置成本中还没有分配计入费用的部分。

5. 经济价值增加值 EVA（Economic value added）：是 1991 年美国思腾思特咨询公司提出并实施的指标。EVA 就是企业收入扣除所有成本费用（包括股东资本的成本）及税金后的剩余收益，它突出了资本成本，计算这一指标需要对传统的会计计量进行复杂的调整。

调整的主要内容包括：坏账准备、存货成本、折旧费用、资产租赁、商誉摊销、递延所得税、广告费用、教育和培训费用、研发费用、重组费用、货币贬值等。该公司列出多达 160 多个调整项目，他们指出，对于特定的企业，可能只需要进行 10 个左右的调整，他们承认，即使经过调整，各种偏差仍可能存在。

读者只需大概了解一下，不需要去学习和使用，这是一个似是而非的理论。例如它对广告费用、教育和培训费用等予以资本化，这就涉及分期摊销的问题，其受益期即摊销期限如何确定，这是难以判断的，完全由调整人员主观确定，不同的人员会得出不同的数据。又如它将研发支出进行了资本化处理，将之作为无形资产分期摊销，事实上难以预言研发取得的技术成果将惠及多少年，完全由调整人员主观确定。我国会计准则将研究阶段的支出列入管理费用，将开发阶段的支出列入无形资产。EVA 将研究阶段的支出列入无形资产，且不说企业有些研究项目是失败的同时又是独立的，跟成功的项目不相关的，这些费用的“受益期”又是完全由调整人员主观确定的。

EVA 试图改良传统的财务与会计，但其主观性太大，更涉及调整人员的水平良莠不齐。所以说，EVA 并非更公允。会计准则规定的传统计量方式更符合财务与会计的基本前提与一般原则，读者需要去学习和使用的是第六章第四节“资本盈利能力分析”中讲述的净资产净利率（ROE）。

会计学不同于数学，不是一门那么“准确”的学科，而是与会计人员的专业水准关系较大，具体的如一收一付的业务当然要填列准确，但许多估计与调整事项不使用准确一词，而使用公允一词，会计学是一门“公允”的学科。如果股市上各公司的 ROE 都能基本上公允地反映，则有助于公众树立起对股市的信心，同时推进股票发行注册制改革，公司上市更便捷，促使更多资金、更多公司涌入股市，在重要的资本市场上优化资源配置，促进市场经济的健康发展。

练　习　题

练习要求：根据下列资产表、利润表、现金流量表进行全面的财务报表分析，撰写财务报表分析报告。

某公司，主营业务：生产、销售白酒系列产品。以下报表引用自某上市公司，年度作了更改，表中除特别注明外，金额单位为人民币万元。

一、资产表

某公司资产表

项　目	2012 年末	2013 年末	2014 年末
流动资产：			
货币资金	974 315	1 288 839	1 825 469
应收票据	38 076	20 481	25 210
应收账款	2 139	125	223
预付款项	120 313	152 987	186 103
应收利息	191	4 273	22 518
其他应收款	9 600	5 910	4 729
存货	419 225	557 413	718 712
一年内到期的非流动资产	1 700		
流动资产合计	1 565 559	2 030 028	2 782 963
非流动资产：			
持有至到期投资	1 000	6 000	6 000
长期股权投资	400	400	400
固定资产	316 873	419 185	542 601
在建工程	19 396	26 346	25 145
工程物资	2 492	1 853	492
无形资产	46 555	45 232	80 843
长期待摊费用	2 147	1 870	1 381
递延所得税资产	22 542	27 844	50 263
非流动资产合计	411 404	528 730	707 124
资产总计	1 976 962	2 558 758	3 490 087
流动负债：			
短期借款			

续表

项 目	2012 年末	2013 年末	2014 年末
应付账款	13 912	23 201	17 234
预收款项	351 642	473 857	702 665
应付职工薪酬	46 395	50 026	57 752
应交税费	14 053	41 988	78 808
应付股利	13 721	31 858	
其他应付款	71 083	81 888	91 612
流动负债合计	510 806	702 819	948 072
非流动负债：			
长期借款			
专项应付款	1 000	1 000	1 677
非流动负债合计	1 000	1 000	1 677
负债合计	511 806	703 819	949 749
股东权益：			
实收资本（或股本）	94 380	94 380	103 818
资本公积	137 496	137 496	137 496
盈余公积	158 567	217 675	264 092
未分配利润	1 056 155	1 390 326	1 993 712
归属于母公司股东权益合计	1 446 598	1 839 877	2 499 118
少数股东权益	18 558	15 062	41 220
股东权益合计	1 465 157	1 854 939	2 540 338
负债及股东权益总计	1 976 962	2 558 758	3 490 087

二、利润表

某公司利润表

项 目	2012 年度	2013 年度	2014 年度
一、营业总收入	967 000	1 163 328	1 840 236
二、营业总成本	359 569	447 285	606 957
其中：营业成本	95 067	105 293	155 123
营业税金及附加	94 051	157 701	247 739

续表

项 目	2012 年度	2013 年度	2014 年度
销售费用	62 128	67 653	72 033
管理费用	121 716	134 601	167 387
财务费用	-13 364	-17 658	-35 075
资产减值损失	-30	-307	-250
加：投资收益	121	47	338
三、营业利润	607 552	716 091	1 233 616
加：营业外收入	625	531	718
减：营业外支出	123	380	869
四、利润总额	608 054	716 242	1 233 466
减：所得税费用	152 765	182 266	308 434
五、净利润	455 289	533 976	925 032
归属于母公司股东的净利润	431 245	505 119	876 315
少数股东损益	24 044	28 857	48 718
六、每股收益			
(一) 基本每股收益	4.57(元)	5.35(元)	8.44(元)
(二) 稀释每股收益	4.57(元)	5.35(元)	8.44(元)
七、其他综合收益			
八、综合收益总额	455 289	533 976	925 032
归属于母公司股东的综合收益总额	431 245	505 119	876 315
归属于少数股东的综合收益总额	24 044	28 857	48 718

注意它的报表格式，在计算毛利率时，使用“营业成本”指标，而非“营业总成本”。

三、现金流量表

某公司现金流量表

项 目	2012 年度	2013 年度	2014 年度
一、经营活动产生的现金流量			
销售商品、提供劳务收到的现金	1 175 624	1 493 858	2 365 913
收到的税费返还		18	

续表

项　目	2012 年度	2013 年度	2014 年度
收到其他与经营活动有关的现金	18 589	13 820	18 167
经营活动现金流入小计	1 194 213	1 507 696	2 384 081
购买商品、接受劳务支付的现金	155 708	166 980	235 369
支付给职工以及为职工支付的现金	122 931	149 281	192 557
支付的各项税费	416 035	488 574	828 628
支付其他与经营活动有关的现金	77 146	82 713	112 670
经营活动现金流出小计	771 819	887 548	1 369 224
经营活动产生的现金流量净额	422 394	620 148	1 014 856
二、投资活动产生的现金流量			
收回投资收到的现金	2 500	1 700	
取得投资收益收到的现金	208	173	301
处置固定资产、无形资产和其他长期资产收回的现金净额			4
收到其他与投资活动有关的现金		5 632	21 253
投资活动现金流入小计	2 708	7 505	21 559
购建固定资产、无形资产和其他长期资产支付的现金	135 660	173 191	218 453
投资支付的现金	1 000	5 000	
支付其他与投资活动有关的现金		5 652	15 148
投资活动现金流出小计	136 660	183 844	233 600
投资活动产生的现金流量净额	-133 952	-176 339	-212 042
三、筹资活动产生的现金流量			
吸收投资收到的现金			
取得借款收到的现金			
收到其他与筹资活动有关的现金	16	11	10
筹资活动现金流入小计	16	11	10
偿还债务支付的现金			
分配股利、利润或偿付利息支付的现金	123 514	129 295	266 195
支付其他与筹资活动有关的现金			
筹资活动现金流出小计	123 514	129 295	266 195

续表

项 目	2012 年度	2013 年度	2014 年度
筹资活动产生的现金流量净额	-123 499	-129 285	-266 185
四、汇率变动对现金及现金等价物的影响			
五、现金及现金等价物净增加额	164 943	314 524	536 630
加：期初现金及现金等价物余额	809 372	974 315	1 288 839
六、期末现金及现金等价物余额	974 315	1 288 839	1 825 469